死体は語る…

上野博士の法医学ノート

东方丛书

尸体会说话

[日] 上野正彦 著

苏小楠 张景城 译

日本首席法医的法医学手记

人民东方出版传媒
People's Oriental Publishing & Media

东方出版社
The Oriental Press

前言

尸体会说话

法医的工作，是倾听尸体的无声之声。除非名医相助，人死之后，弄清楚其死因是一件难事。而为了倾听尸体的无声之声，笔者常常牢记以下"八问原则"

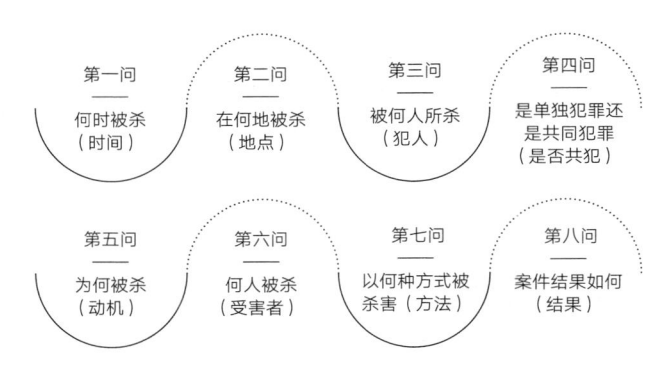

第一问	第二问	第三问	第四问
何时被杀（时间）	在何地被杀（地点）	被何人所杀（犯人）	是单独犯罪还是共同犯罪（是否共犯）

第五问	第六问	第七问	第八问
为何被杀（动机）	何人被杀（受害者）	以何种方式被杀害（方法）	案件结果如何（结果）

当然，其中有些问题交由警察处理即可。实际上，这"八问"原本也是警察探案时所关注的。对法医而言，留意这些疑问不仅可以尽可能避免在验尸和解剖时出现疏

漏，而且有助于探明案件的真相。

譬如第一问"何时被杀"，要求法医推断死亡时间。这对于案件的现场问询，确定嫌疑人的不在场证明以及锁定嫌疑人等方面，无疑是一个重要的出发点。

本书也会在接下来的章节中从多重角度讲解如何从尸体的状态推算死后经过的时间，如尸斑的颜色和出现的部位（第一讲）、死后体温的变化（第三讲）、尸体的颜色变化与腐败程度以及尸体的蜡化程度（第四讲和第五讲）等。除此之外，笔者还将在本书中为大家介绍与尸体"对话"时所需的各种知识和工具。

30年前，笔者从日本东京都监察医务院退休之后，完成了人生的第一本书《不知死，焉知生》，由此收获了不少读者。本书继承前者，更加系统地总结了笔者法医生涯中的所思所想、所学所用，连负责本书的出版社编辑也称赞这是"上野法医学的集大成之作"。本书还汇总了此前刊登在警务类期刊的多种内容，笔者相信这本书能让专家和普通读者都读得津津有味。

通过详细观察尸体上出现的各种现象，法医学能够看穿假象，揭开谜底，实在是趣味无穷。

目录 尸体会说话

前言	I
第一讲	001
尸斑篇：火眼金睛	
第二讲	010
尸体僵硬篇：死而不倒的武僧弁庆	
第三讲	017
体温冷却篇：严冬的冷水浴	
第四讲	027
尸体干燥篇：人死之后，头发和指甲会继续生长吗？	
第五讲	034
死亡时间推测篇：绿鬼、红鬼、黑鬼、白鬼	
第六讲	045
生活反应篇：生前伤与死后伤	
第七讲	053
出血·淤血·溢血点篇：尸体的无声之言	

| 专栏 1 | 犯罪推理 | 067 |

第八讲 —————————————————— 072

窒息篇 其一：面部有淤血的尸体

第九讲 —————————————————— 083

窒息篇 其二：解开窒息死的谜团

第十讲 —————————————————— 092

溺死篇 其一：溺死的原因在耳朵里

第十一讲 ————————————————— 103

溺死篇 其二：水中尸体不一定都是溺死

第十二讲 ————————————————— 113

外伤篇 其一：锐器刺死是弱者的犯罪？

第十三讲 ————————————————— 121

外伤篇 其二：高空坠落自杀是脚先着地吗？

第十四讲 ————————————————— 130

外伤篇 其三：头部受到冲击的真正可怕之处

第十五讲 ————————————————— 144

交通外伤篇 其一：从外伤特征推断案情

第十六讲 ————————————————— 151

交通外伤篇 其二：高空坠落外伤与交通事故外伤

| 专栏 2 | 松木先生的骨灰 | 159 |

第十七讲 — 161

枪伤篇：一枪打在哪里会直接致死

第十八讲 — 170

其他外因致死篇 其一：烧伤、烧死、中暑

第十九讲 — 178

其他外因致死篇 其二：冻死、触电死亡、饿死

第二十讲 — 186

杀婴篇：反思生死

第二十一讲 — 197

中毒篇 其一：推陈出新的毒药

第二十二讲 — 205

中毒篇 其二：氰化物、一氧化碳、沙林毒气

第二十三讲 — 216

中毒篇 其三：酒为百药之长？

第二十四讲 — 226

中毒篇 其四：砒霜、强酸强碱、乌头、毒品……

| 专栏 3 | 杀手的目的只有一个 | 235 |

第二十五讲 ──────────────────────── **240**

  猝死篇：平时身体健康的人突然死亡

第二十六讲 ──────────────────────── **258**

  尊严死、安乐死、临终医疗篇：人该如何

  面对死亡

后记 ────────────────────────────── **271**

第一讲 尸斑篇：火眼金睛

一位72岁的女性上吊自杀，被其家属伪装成病死；某公司董事长上吊自杀后，其子为骗取保险金，将自杀伪造成入室抢劫后的他杀。

而尸斑的出现部位——下肢和上肢前臂，将是揭示这一切真相的线索。

自杀伪造成病死

有一次，在警察的带领下，我去一位死者家中验尸。路上，从一位负责现场监督工作的警官那里听说了事情的原委。死者是一位72岁的女性，家中三代同堂，死前几日有些许感冒，但平时身体健康，无病无痛。

事发当天，死者早上没有起床。临近中午家属才前去查看，发现她仍在床上熟睡，因发觉有些反常便立刻请来了附近的医生。查看后，医生断定已经死亡。但由于第一次接触尸体，医生无法推测死因，建议向警方提出申请，随后便离开现场了（日本《医师法》第21条）。

在实行法医制度的日本东京都23区，像这种情况的死亡一般被认定为非正常死亡，须法医会同警方一同验尸。如果验尸之后仍无法查明死因，就要进一步解剖尸体。这么做的目的是保障死者的人权。即使与犯罪无关，但只要死因不明或家属对死者的死因心存疑惑，法医都可以实行解剖，而这一过程就被称为行政解剖（日本《尸体解剖保存法》第8条）。相反，如果死亡涉及犯罪，则在检察官的指挥下实行司法验尸和司法解剖。

言归正传，我给这位女性死者验尸时，刚掀开盖在脸上的白布，就见其面部惨白，颈部缠着毛巾。问家属原因，他们回答说是因为死者生前几天有轻微感冒，嗓子疼。当时听后我并没有在意，拿开毛巾，脱掉死者的衣物就开始正式验尸了。

给尸体翻身后，我发现其背部一片苍白，没有本应出现的红褐色尸斑。见此情形，我觉得甚是蹊跷，仔细观察一番后才发现，死者下肢和上肢前臂出现了尸斑，而且颈部有明显的勒痕。

到此我已经断定，这位女性是被吊死的，那条毛巾就是为了挡住勒痕。于是我没有对家属们多作说明，只是告诉他们："死者不是病死的，而是上吊自杀而死。"家属们听后却厉声坚持她是感冒致死。其实尸体已经告诉我们答案了——颈部有勒痕，尸斑呈现出吊死后特有的样态。

一般人死后心跳停止，血液也会停止流动，随之血压也会消失，血管内的血液会受到重力的影响而垂直向下堆积。此时如果死者是背部朝下平躺着的话，背部的毛细血管会因为血液的集中反映在皮肤表面，从而形成红褐色的尸斑。

但这位女性死者，她的尸斑没有出现在背部，而是出现在下肢和上肢前臂，也就是肢体的末端部分，腰部以上的上半身没有任何尸斑。所以从这些现象我们可以推测，死者去世时不是仰卧姿势，而是长时间处于站姿。

面对铁证，家属们依旧坚称死者绝不是上吊自杀。"那我去申请行政解剖查清死因吧，警察也会更仔细地搜查一番哦。"听我这么一说，家属们立马服软了，大概是怕自己会成为怀疑的对象吧。一阵犹豫之后，他们一边道歉，一边说出了事情的真相。

那天，他们去了房间后就发现，死者已经用腰带将自己吊在门框上端的横木上，脚下倒着的板凳是她上吊时站的地方。这是典型的自缢。见此情形，意识到大事不妙的死者儿子和儿媳慌慌张张地把人搬到床上盖上被子。两人事后回忆道："当时，母亲的身体很硬，像商场的人体模型一样。"这是人死后会出现的尸体僵硬现象。

自杀伪造成他杀

负债累累的某公司董事长为了不给家人添麻烦而给自己上了巨额保险。数月之后，董事长趁着儿子上班不在家，在卫生间里上吊了。死前他还留下了遗书，毫无疑问这属于自杀。

但随后，董事长儿子不仅烧毁了遗书，还将其父亲的尸体搬到桌子旁的地板上，在尸体的脖子上捆上绳子，打开桌子的抽屉，把里面的文件丢满整个房间，以此伪造一个入室抢劫的杀人现场。

董事长的自杀使得家属无法领到保险金,所以他儿子才决定伪造现场。虽然警察一番搜查之后弄清了来龙去脉,但如果死者尸体上没有证明该结论的证据的话,事件还是无法得到解决。

接下来,我说明一下当时的尸体状况。

上吊自杀的尸体与被人勒死的尸体,两者的状况截然不同。悬空上吊是典型的缢死,全身的体重都集中在颈部的绳子上,不仅气管受到压迫而使人无法呼吸,而且经过颈部两侧、分布在头顶及面部的血管和神经也会受到压迫而停止血流,这会进一步麻痹神经,最终致人死亡。因此死者通常面部惨白,睑结膜无溢血点。颈部的勒痕如图1所示,从前颈部经过下颚的下方,再蔓延至耳部后侧,朝着后头顶逐渐消失。这是上吊自杀才会出现的勒痕。如果尸体被发现得较迟,尸斑则会出现在死者的下半身。

与上吊自杀相比,被人勒死后出现的勒痕则像戴领带一样水平环绕颈部一周。绳子绕颈部一周后用力勒紧时,位于颈部皮下浅层且直通心脏的头颈静脉会受到压迫而血流受阻,位于皮下深层且流经头部和面部的头颈动脉虽没有直接受到绳子的压迫,但这会使颈部被勒处以上部位出现淤血,最终致人死亡。

面部出现明显淤血时的勒痕走向与上吊自杀完全不同，明白这一点后就能轻松区别出上吊自杀与被人勒死。

上吊自杀			
被人勒死			

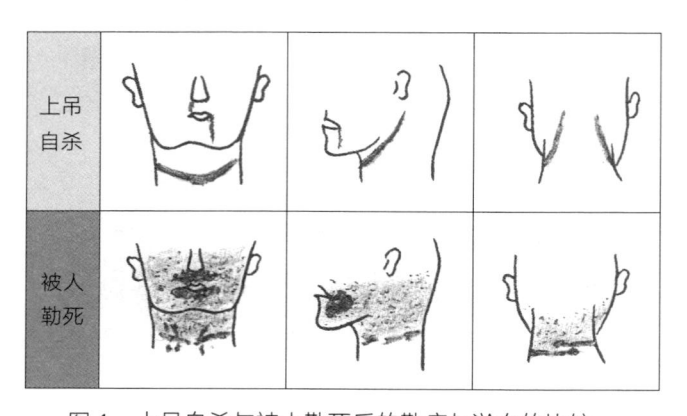

图 1　上吊自杀与被人勒死后的勒痕与淤血的比较

由此看来，那位董事长的儿子可真是顾前不顾后啊。

尸斑的机理

人死后心跳停止，身体的血液循环也随之停止。与此同时，血压消失，血管内的血液会因重力而淤积在尸体下方的毛细血管。

死者姿势为仰卧时，前胸和腹部朝上，血液向下方移动并集中到背部的毛细血管，因此胸腹部的皮肤会显得苍白，尸斑出现在死者背部。

需要补充的是，由于人仰卧时，臀部和背部上方与地板直接接触，体重的压迫会使这两个部位的毛细血管呈闭塞状态，血流无法到达，因此不会形成尸斑，皮肤变得苍白。相反，位于臀部和背部上方之间的腰部没有受到体重的压迫，才会出现尸斑。另外，尸斑是透过皮肤来呈现色调，所以皮肤黝黑的黑人，其身体上的尸斑不容易被观察到。

表1 上吊自杀与被人勒死的不同点

	上吊自杀	被人勒死
手段	除"身背地藏"外，多为自杀	除了自我勒死外，多为他杀
面部状况	面部苍白，溢血点较少；口鼻处会有血液、体液流出	面部淤血肿胀，溢血点较多；口鼻处流出的血液、体液附着在口鼻周围
勒痕走向	从前颈部经过下颚的下方，再蔓延至耳部后侧，朝着后头顶逐渐消失	像系领带一样水平环绕颈部一周；颈部正面有反抗时留下的抓痕；自我勒死时无抓痕
勒痕深浅	前颈部勒痕较深，延续到后颈部时逐渐变浅；勒痕上无脱皮出血	勒痕绕颈部一周，深度一致；勒痕表面有脱皮和皮下出血等症状
尸斑	出现在手脚及下半身	出现在身体背面

从时间上看，人死后1~2小时开始出现尸斑。5~6小时后，如果用手指按压尸斑，被按压地方的毛细血管的血液即向周围流动，尸斑暂时消失，皮肤变得苍白；但放开手指解除压力5~6秒后，血液流回原处，尸斑又重新出现。大约10小时之后，即使用手指按压，尸斑也不易消失；大约20小时之后，尸斑完全固定。观察这些现象对于推测死者的死亡时间有一定的帮助。

从尸斑的颜色辨别死因

血液的颜色与皮肤颜色的不同也会导致尸斑的千差万别。

众所周知，血液的颜色取决于红细胞中含有的血红蛋白的血氧饱和度，血氧饱和度较高的动脉血呈现出鲜红色，而血氧饱和度较低的静脉血呈现出暗红色。所以，窒息死亡状态下的血液和尸斑自然也就呈现出暗红色。

一氧化碳中毒死亡时，一氧化碳会与血红蛋白结合，形成碳氧血红蛋白，此时血液与尸斑都呈现出鲜红色。冻死与一氧化碳中毒死亡情况相同，血液和尸斑也呈鲜红色，但是二者的原理却截然不同。所谓冻死，是指全身细胞温度降低，人体新陈代谢显著减缓，细胞内耗氧量减少而导致的死亡。因此，不管是血液还是尸斑都会由于较高的含氧量而呈现出鲜红色。

另外，在病死的案例中，像心肌梗死等猝死情况发生时，病人一般会因为心脏部位的剧烈疼痛而无法呼吸，最终在短暂的痛苦中离世。由于短时间内的血液缺氧，一般尸斑会呈现出暗红色。相反，像脑出血等一般性病死的情况下，病人虽然意识不清，但仍会继续强烈地呼吸。在这种情况下，血液中并不缺氧，所以尸斑会呈现红褐色。

第二讲 尸体僵硬篇：死而不倒的武僧弁庆

尸体的僵硬程度也可以成为判断死亡时间的依据。一般，尸体僵硬在死后2小时内出现，20小时后发展到顶峰，随后开始逐渐缓解。日本古代著名武僧弁庆，虽万箭穿心而死后不倒的奥秘也尽在于此。

推迟死亡时间

在警察署后院的尸体安放所，开始了一场验尸。某天上午，在某铁路道口，一位72岁的男性朝着即将从右侧方向行驶而来的下行电车跳了过去。据说，电车司机当时看到人影后立刻紧急刹车了，但还是晚了一步。

验尸结果显示，受到剧烈撞击后，尸体落在了距离跳轨地点约20米之远的轨道上。虽然没有断成两截，但尸体腹部遭受撞击后受损严重，面部有多处擦伤与骨折，头骨严重骨折变形，四肢多处擦伤骨折，其中手指关节与肘关节出现了僵硬现象。

警方的调查结果与尸检结果基本一致，而且还在死者家中的佛坛中发现了遗书，毫无疑问是一场跳轨自杀。趁着鉴识科的同事给尸体拍照的间隙，我洗完手，开始在验尸报告书中记录尸体状态、跳轨自杀的动机等刚刚调查到的各种信息。

一般来说，此时需要出具死亡诊断书，病死的情况下由死者的主治医师出具。但非正常死亡的情况下，则由法医验尸探明死因后出具验尸报告书。

正当我在刑事科办公室里思考验尸报告的时候，与死者生前一直一起生活的死者的大儿子突然小声地叫住我："法医先生，可以麻烦您把家父的死亡日期往后推一天吗？"面对这闻所未闻的奇怪请求，我不禁感到疑惑："哎？为什么呀？"只见他欲言又止，闪烁其词。

这时，刑事科的同事进门给我沏了一杯茶。我顺势接过茶水，说了一句："说说你的情况吧。"接着，一边小口慢抿，一边继续写着材料。

"法医先生，实话告诉您吧。家父以前给自己上了人寿保险，他还告诉我，缴满一年后，就算自己自杀，家属也能领到保险金。"

"是这样啊。"

我早就知道这一情况了，便回应了他一句。其实，按照保险公司的说法，想靠自杀来谋取保险金的人一般在缴纳保费2~3个月之后会选择提前自杀。不过，其中不乏有些意志顽强的人坚持缴满一年而放弃自杀，重获新生。正因如此，很多日本人寿保险的缴纳期被设为一年。

但今时不同往日，随着时代的变化，越来越多上了保险的人选择在第13个月自杀。无奈之下，保险公司只得作出改变，现在规定必须缴满3年。

言归正传，我随后反问道："这么说，令尊没有缴满一年是吗？"

"是的。我记得家父生前对我说过，一位保险公司的女推销员劝他买的。那一天我记得。第二天保险公司就送来了证书。我一看，原来那个推销员是迟一天回公司办手续的。所以，家父记的日子是早一天的，差一天就满一年了。"

这事听起来像一个玩笑，但的确太让人遗憾了。

"好的，情况我已经明白了，我也很同情你们。但是出具伪造的诊断书的话，不仅医生会被问罪，连你也会构成保险诈骗罪哦。再说，这些日子气温这么高，推迟一天验尸的话，尸体会开始腐烂，也变得不再僵硬，这与现在的情况明显不符呀。调出尸检报告一看，马上就知道是伪造的了。保险公司也会调查令尊的跳轨时间。自杀是今天上午发生的，一天之后相同的电车没有发生事故，这太容易被查出来了。到时候东窗事发，你我都吃不了兜着走。"

死者的大儿子听后甚为惊讶，只得叹息作罢。

尸体僵硬的机理

人死后为什么会出现关节僵化无法活动，即所谓的"尸体僵硬"这种现象呢？原来，人死后肌肉内的糖原减少，乳酸增加，由此导致了ATP（三磷酸腺苷）的活性降低，肌肉收缩，关节就会因此而僵化。

通常，人死后2小时内尸体开始僵硬，直到第20小时左右的时候，僵硬程度达到最高，整个过程几乎与尸斑的出现同步。所以，给去世的人换寿衣最好在死后3~4小时内完成，否则尸体的僵化会越来越严重，换装的难度也会加大。

不过，尸体一旦腐败，体内的蛋白质开始分解的话，尸体的僵硬也会逐渐缓解。观察这一现象可以帮助我们推测死者的死亡时间。具体来说，不同的时节，不同的地域，尸体所处的不同环境对僵硬程度都有不同的影响。这一点无法一概而论，更没有万能的公式，想要准确推测死亡时间，全凭法医学的知识与经验，以及对尸体僵硬、尸斑等现象的细致观察。

剧烈运动中猝死的人会保持死前的姿势，尸体的僵硬也会提前发生，这种情况在日本被称作"电击性尸体僵硬"。除此之外，在普通的法医学教材中，关于尸体僵硬的记述一般分为"下行型"和"上行型"。下行型是指尸体僵硬从下颚、颈部开始，从躯干到上肢再到下肢；相反，上行型是指尸体僵硬从身体下部的关节开始向上蔓延。但实际上，这两种情况的描述都不够准确。

我在工作中解剖过数万具尸体，根据经验可以肯定，尸体的僵硬其实是从身体最疲劳的肌肉部位开始的。

曾经有一位老奶奶在大坝上挖野菜，不小心落到河里淹死，被打捞后马上接受了尸检。她的右手手指紧紧攥着艾蒿，而其他的关节部位还没有出现僵硬。也就是说，她身上最累的部位是右手的手指肌肉。

同样的事件我经历过好几次，真可谓"实践出真知"啊。

死而不倒的武僧弁庆

文治五年（公元1189年），在日本岩手县平川的衣川合战中，名将源义经已被敌人追得走投无路，作为其部下的武僧弁庆自知大势已去，便在衣川馆的大桥前，依仗薙刀、铁之熊手、大槌、刺又、大锯、钺、铁棒七件兵器，以薙刀为杖支撑着双腿，一夫当关，大吼一声："吾乃武僧弁庆也！"怒视群敌，打算舍生取义。敌人知道那人是武僧弁庆后不敢上前，便从远处射箭。弁庆身中数箭却岿然不动，源义经趁此机会才得以逃脱。武僧弁庆的忠勇双全以歌谣、舞曲等形式被传唱至今。

我无意泼大家冷水，实际上，弁庆是在高度疲劳的状态下，身中敌箭瞬间死亡的，又因为死前一直用薙刀支撑着双腿，所以才能死后不倒的。当然，舍命护主的弁庆被说成"电击性尸体僵硬"的话，的确大煞风景。

还有一个故事。我在昭和十年（1935年）小学一年级时，要上道德修身课。那时的课本上还印着日清战争（即中日甲午战争）时期的故事。记得书上有这么一句话："木口小平中弹而亡，口中仍然含着号角。"当时，用于国民教育的教科书也配有插图。在那个实行征兵制度的年代，官方经常做这种宣传。后来在医学课上我才了解到，这也属于"电击性尸体僵硬"，不禁觉得滑稽。

总而言之，从尸体的僵硬程度和尸斑的出现等线索上，我们可以推测出大概的死亡时间。法医学可真是越钻研越觉得趣味无穷啊。

第三讲 体温冷却篇：严冬的冷水浴

利用尸体的体温去干扰死亡时间的推测并非不可能。一位老年女性在洗浴时不慎溺死，从尸体状况推测其死亡时间大概是前天夜里，但警方的调查结果却是3天前。如果将尸体放入严冬的冷水中的话，一切推理都能严丝合缝。那么真相到底是什么呢？

冻死在被子里

一间坐南朝北，不到5平方米的小黑屋里，一位老年女性死在了那里,瘦小衰弱的身体上盖着一层又薄又硬的被子。尸体早已变得冰冷,直肠温度只有13摄氏度,尸斑呈鲜红色,一看就知道是冻死的。但陪同验尸的警官却向我投来近乎反驳的疑问:"一个人在家里,而且身上还盖着被子,怎么可能会冻死呢?"

于是我向警官解释说,时值严冬,东京的气温已经到达零下,体温自然很低,而且尸体上的尸斑呈现出冻死特有的鲜红色,毫无疑问可以断定是冻死;另外,至于为何是在被子里冻死的,死者身穿便服睡在被子里,衣服和被褥都已经潮湿,说明死者出现了尿失禁,大量尿液也会降低死者的体温。

当年在东京的山谷地区,一到冬天就有人在路边冻死。其中,喝醉了酒又淋了雨倒在路边冻死的尸检,我处理过很多次。这一次的情况也大差不差。

这位老年女性在被子里很有可能是突发脑出血或心脏病后,意识不清而尿失禁。为了验证是否为脑溢血,我用注射器从死者后脑部位采集了脑脊髓液。如果大脑没有异常情况,脑脊髓液一般会像自来水一样呈透明状;而出现脑出血、结膜下出血等状况时,则会变成血性髓液。

结果显示,这位老年女性的脑脊髓液是透明液体,这说明她是死于寒冷引起的心脏疾病，并非脑部疾病。

"如果搜查结果与验尸结果不一致的话，就去解剖。没有问题的话，就算问题解决了吧?"我拿着最终结果问道。"这次事件没有任何争议点，就不用解剖了。"在场的警官也同意我的看法，于是这起冻死事件也就到此为止了。

严冬的冷水浴

事情发生那天正好是我在值班。上午做了两场解剖，下午又做了两场解剖之后，我终于回到了自己的办公室。其中有一场解剖的对象是一位65岁的独居女性，她在洗浴时不慎淹死。

尸体浸泡在水中没有被马上发现的话，会显得膨胀，所以泡在水中的部位和没有泡在水中的部位区别还是比较明显的。但这位女性的尸体发现得较早，皮肤稍有膨胀但并未腐烂，手掌和脚掌形成了漂母皮（手部或脚部长时间浸泡在水中起皱发白的一种现象）。除此之外，气管内含有细小白色泡沫的液体，整个肺部像一块充满水的海绵一样，毫无疑问这是溺死。我得出这一结论回到办公室的时候，已经是下午4点左右了。

不久，一位负责验尸的前辈法医回到单位，直接来到我的房间，询问道：

"解剖的结果如何？"

"洗浴的时候淹死的。"

"不是，我想知道的是死亡时间。"

"哎？难道不是昨天晚上吗？"

原来，这位前辈此前也是这样认为的。但到了现场之后，警方却告诉他：死者家里每天会收到配送的一瓶牛奶，而这牛奶已经有三瓶没有拿了，邻居觉得很奇怪便试着打了声招呼，但死者屋里没有回应，于是就报了警。所以真实的情况是，死者在三天前的晚上泡的澡，今天上午尸体才被发现。虽然发现时浴缸里的水已经没过了头顶，但尸体没有发生腐败，这让人觉得意外，所以才申请了解剖。

换句话说，从警方的搜查结果来看，死者死于3天前，但验尸的结果却认为尸体未发生腐败，死于昨晚。两方得出的死亡时间并不一致。有时的确会发生这种情况，一般我们会认为是因为有盲点没有被发现。

"我知道了，尸体是我解剖的，验尸结论自然由我来负责，我去和警察对接。"

"那麻烦你了。"

我结束了和前辈的对话，第二天立马给警察打了一通电话，他们告诉我：死者家中并没有被入侵的迹象，也没有丢失现金，甚至连家门都被锁得好好的。于是笔者推测，一定有人持有备用钥匙。另外，一月下旬正值寒冷冬季，泡澡的话水温大概在40摄氏度，一个人在这种水温条件下泡一晚的话，水温即使会下降，也说不上寒冷，皮肤有些许膨胀，就算有人抓着死者手腕从浴缸里拖出来，也难免会发生擦伤。但这具尸体并没有伤口。

难不成是死者在冬天泡冷水澡吗？虽然这个猜测有些异想天开，但从尸体的情况来看，我姑且顺着这个思路去想了想。这个时节，东京的自来水可谓寒冷刺骨，手在里面泡一分钟都受不了。但如果换成冷水澡去考虑的话，尸体即使在里面浸泡三天都不会发生腐烂，而且手部和脚部的漂母皮的形成也需要死者长时间浸泡在水中。如此一来，结论和尸体状况就对得上了。我马上又给警方打了一通电话。

"什么？大冬天的泡冷水澡？！"果不其然，警察也大吃一惊。

两天后，住在死者附近的外甥作为案件的重要知情人收到了警察的传唤。最初他矢口否认，直到第五次传唤，他才最终交代了实情。原来，已经30岁的外甥一直没有工作，时不时来找死者求取钱财。事发当晚，死者忍无可忍对其批评道："别整天游手好闲的！去好好找个班上！"谁知外甥恼羞成怒，直接打开柜子的抽屉去拿自己舅妈的钱包。而死者试图夺回钱包，拼死反抗。外甥打倒舅妈后，骑在她身上用双手掐住她的脖子。不一会儿，眼见失去意识的舅妈，外甥以为自己杀了人，慌乱之中，他选择伪造舅妈自己泡澡淹死的现场。

于是，他脱光舅妈的衣服后把她抱进浴室放进空浴缸里，打开了水龙头。但其实死者当时只是处于假死状态。随后，外甥又偷了四五万日元的现金，关掉水龙头，锁上家门就逃走了，这成了一场彻头彻尾的犯罪。

警察以冷水浴为线索查到了外甥，最终让他不得不说出了真相。外甥本想着伪造现场就能洗脱自己的嫌疑，但没有想到温水和冷水对人体的影响是不同的。恰恰是这一点成了破案的关键。不过换个角度来说，这也可谓是一场巧妙的犯罪。将尸体置于冷水之中，推迟其腐败的发生，以此干扰警方与法医对死亡时间的推测，给自己伪造不在场证明。

有时候犯人"无心插柳柳成荫",却害得我们法医必须苦思冥想。

冻死的人却不穿衣服

当年,我读书的警校开设了法医课。课上,一位来自北方的法医问了我们这样一个问题。"以前的八甲田山事件(1902年,当时的日本帝国陆军第8师团的步兵第5连队,在由青森县青森市出发,前往八甲田山的田代新汤的行军途中遭遇暴风雪,210人中有199人死亡)也出现过类似的情况,在极寒天气下,遇难者反而会在死前脱掉衣服,有谁知道这是为什么吗?"

有人认为,这是因为人处于长时间的冰冻状态之后,大脑的机能会出现错误运转,从而导致大脑给人身体的各个部位传递出错误的信号。但我并不能完全接受这个答案。其实在被问这个问题之前,我曾经很长时间觉得这是一个很奇怪的现象,直到想起了自己的姐姐。

多年前,听说生病住院的姐姐想见我,便急忙从东京赶回了札幌。当时,姐姐是一名外科医生,而我也做了两年的医生,在法医学研究室上班。突然叫我回来,本以为是工作上要交代我什么事,谁知见了面之后,竟看到姐姐一个劲儿地喊热,还把盖在自己身上的被子给掀开了。札幌的冬季,虽然有暖气但也绝谈不上热。

"不行了,我可能快不行了!"一贯坚强的姐姐竟然说出了这种话。

"不要胡说!过一阵子就能下床了。"我一边鼓励姐姐,一边握住被子里的她的手。但只觉得一阵冰冷,随后又往上探了探,摸了一下,感觉更凉了,再看姐姐,她还是叫热。

太奇怪了,这到底是什么症状?当时的我尚未明白。

姐姐求我别走,我便和负责看护的母亲住在病房里。第二天早上,姐姐去世了。

想到这段经历后我突然意识到:一个人感冒发热后体温升高却觉得恶寒,而体温下降后又热得出汗。尽管体温只发生了2~3摄氏度的变化,但体温与外界温度的差异变小后,人会觉得热,温差变大后人会觉得冷。照这个思路一想,人在冻死时体温从37摄氏度降至30摄氏度以下,体温和外界温度的差异变小,所以实际上人是会感觉到热的。八甲田山的行军士兵们在死前"热"得脱下衣服被冻死,这也可以说得通了(参照表2)。于是,我把自己的想法告诉了那位法医,但他有没有明白我的意思,就不清楚了。

总之,这种死亡与家姐情况相同,体温急剧下降后,会相对地感到热。当出现这种异常感觉时,也说明死神将至。

表2 冻死者反常脱衣的原因

身体健康	体温与外界温度的差值	过大	感到寒冷	冬季
		过小	感到炎热	夏季
感冒	体温上升	过大	感到寒冷	发抖
	体温下降	过小	感到炎热	出汗
冻死	体温下降	过小	感到炎热	脱衣

体温下降的机理

人死亡之后,身体不再产生热量,体温会降至与外界气温一样的温度,下降速度则取决于尸体的放置环境、个人的身体差异等因素,可谓千差万别,没有一个固定的计算公式。

笔者每次以这样一种大概的标准去计算:假设外界气温20摄氏度,死亡后5小时以内,体温每小时下降1摄氏度;随后的24小时内,体温每小时下降0.5摄氏度。以此为大概基准,再结合其他的具体条件或环境因素作出调整,就能推测出死亡时间了。

可见,法医学直到现在仍存在很多缺少科学性的地方,只能依靠个人的经验作出判断。

第四讲 尸体干燥篇：人死之后，头发和指甲会继续生长吗？

人死后，放任尸体不管的话就会开始腐烂，但在寒冷的冬季且通风状况良好的环境下，则会形成干尸。只要具备条件，这种现象也会发生在城市里。另外，人死后有时头发和指甲还会继续生长。之所以会出现这些难以理解的现象，其原因都可归结为"干燥"。

父亲的头发和指甲

一位病倒住院的老人在昏迷两周后去世了。远嫁的大女儿赶回来后,看到许久未见的父亲那瘦弱的面容,顿时泪流不止。望着父亲满脸胡须,大女儿有些心疼,便替他刮了胡子,剪了指甲。

守灵结束后的第三天,到了下葬的日子,家里的亲人要和死者作最后的告别了。打开棺材的一瞬间,大女儿忽然大吃一惊。原来,明明已经刮掉的胡子竟然又长出了胡茬儿。大女儿又看了看父亲的指甲,竟然也长了出来。于是,众人也都凑了上去。

"我明明帮爸爸刮了胡子剪了指甲,当时孩子们还凑了过来,开玩笑说,爷爷一高兴说不定会活过来呢。"

其实,有不少人相信人死之后指甲和胡子会继续生长。我在学习法医学的时候,也被问过这个问题。

如图2(1)所示,我们将一根毛发的发根部位放大之后,可以发现毛发周围的皮肤其实是略微隆起的。但人死后,随着尸体变得干燥,这种隆起会逐渐收缩,乍一看像是毛发长长了一样。指甲也是同理,如图2(2)所示,人死后指尖的皮肤干燥收缩也会显得指甲长了出来。

总之,人死后新陈代谢消失,头发和指甲不可能再次生长,只是由于皮肤干燥收缩看起来变长了而已。

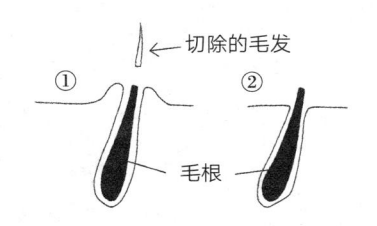

①为死后不久的剃须图片，毛发周围的皮肤略微隆起；两三天后，尸体的干燥使这种隆起逐渐收缩，形成②，胡须看起来就像长出了一样。

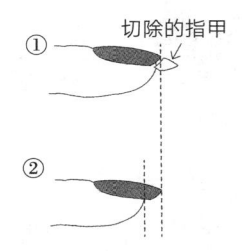

①为死后不久的剪指甲图片；②为两三天后，指尖的皮肤干燥收缩，会显得指甲长了出来。

图 2　人死后为何胡须和指甲会继续"生长"

永代桥的干尸

据说第二次世界大战结束后不久，人们在给东京隅田川下游的永代桥的栏杆上漆时，发现在桥体最高的一处桥洞里竟然藏着一具已经彻底脱水的中年男性尸体。

经过一番调查后，尸体的身份终于弄清。原来，这名男性生前有智力障碍，习惯把自己藏在狭小的地方。时值第二次世界大战末期，东京地区的空袭愈演愈烈，男子在那个冬季穿着睡衣失踪了。此后，家人一直以为他在某个地方被烧死了，没想到竟然成了干尸。

不过，尸体全身蜡化成为干尸，这在日本实属罕见。死者生前躲藏的桥洞靠近海岸，通风良好，加之当时天气寒冷，这才使得死者的尸身没有立刻腐败，随着水分不断流失，最终成了干尸。

人死后，体内血液循环停止，不再补充水分，因此身体表皮的水分开始蒸发，尸体变得干燥。一方面，手指的表面积较大，更容易干燥，发生蜡化；另一方面，表皮虽然较薄，但会阻碍水分继续流失，如果此时尸体某处发生擦伤的话，伤口处的水分会加速流逝，伤口干燥后硬化变成暗褐色，以此来阻止尸体水分继续蒸发。这一过程叫作尸体的皮革化。

将苹果皮削去一部分放置后，切口处会由于水分散发而变硬发黑，这是苹果用来阻止水分继续流失的一种方式，与尸体是一样的道理。

干尸化的右腿

在东京，当发现人手、人腿等重要身体部位的时候，我们法医有时还会对尸体的这些部分进行尸检。接下来我要提到的，是一条已经完全干尸化的右腿，据说被发现于品川的电车区。

着手尸检时，我看到的是一条已经发黑、脱水的右腿。当时，东京内的日本电车必须每三个月在品川的电车区接受车检。负责检查的工作人员顺着电车的下行路线，用锤子轻轻敲打轨道的金属部分做安全检查。如果出现开裂，敲打的声音会有所不同，马上就能发现异常情况。这一次的安检发现，这条右腿就贴在电车下行路线的地面部分。

三个月前的检查没有任何问题，说明这条腿是近期才出现的。在现场完成了初步的尸检后，为了进一步详细检查，我便暂时保管这条右腿。

回去之后，我从三个月前的尸检报告书开始查起，终于在两个半月前发生的跳轨自杀案件中找到了线索——报告书中记录死者少了一条右腿，还有死者的姓名、年龄和住址。于是按图索骥，联系到死者的家属后，这件案子很快就解决了。

不过，为什么右腿会发生干尸化现象呢？原来死者的身体被电车碾断之际，右腿猛地弹了出去，贴到了电车的轨道路面上。之后，电车连续多日在东京都内疾驰，轨道上的强风使右腿逐渐干燥，仅仅两个半月就彻底干尸化了。

如果这趟电车行驶到没有法医制度的区域，发生这样的事件就没有相应的尸体检查报告书，也就很难确定死者的身份了。

法医制度捍卫死者的人权，为维持社会秩序作出了贡献。但放眼日本，东京、名古屋、大阪、神户这四个区域之外的其他地方并没有实行法医制度。因此我一直希望政府能让这项制度覆盖全国。但现状是，学习法医的医疗从业者寥寥无几。

身体缺水的危害

生物每时每刻都在产生热量，并在无意识当中将这些热量释放到体外，一旦热量不足就会补充摄取，能够很好地调节自己的体温。而这些热量来源于碳水化合物（糖分）、脂肪和蛋白质，这三者也被称为三大产能营养素。1克碳水化合物和1克蛋白质可以产生约4000卡路里的热量，1克脂肪则能产生9000卡路里的热量。由此可见，重量相同的情况下，脂肪含有的热量最高，建议大家在运动前后适量地摄入一些脂肪。

同时，生物还离不开水分，现在广泛认为人体的

60%~70%都是由液体构成的。水分一般由口腔摄入,经肾脏形成尿液,经肺部形成呼吸时的水蒸气,经汗腺形成汗液,经肠道形成粪便,以多种方式排出体外。这些水分的摄取与排出通过我们日常的饮食生活得以维持。一旦缺水,身体就会以口渴这种方式来提醒我们。

据说一个人遇难时,如果既无食物又无水,他只能存活一周左右,但只要有水,就能活一个月左右。另外,在炎热季节及时补充水分尤为重要。在感到口渴之前及时补充水分,并通过梅干等食物及时补充身体所缺失的盐分,这样可以有效预防中暑。换言之,身体脱水就是缺少水分和盐分,所以发生呕吐、腹泻等情况时,要同时补充水分和盐分。

可见,补充水分对于身体极为重要,缺水会使血液浓稠,从而威胁健康,因为血液过于浓稠容易导致脑梗塞、心肌梗死等疾病的发生。在医学预防发达的今日,建议尽早接受专家的诊疗。

第五讲 死亡时间推测篇：绿鬼、红鬼、黑鬼、白鬼

尸体每时每刻都会发生变化，人死后不久先出现尸体僵硬现象，然后开始腐败，最后化为白骨。但是，尸体所处的环境以及对尸体的处理方式等因素会使尸体出现不同的样态，有的化成白骨，有的则变成了干尸。

早期尸体现象

在前四讲的内容里，笔者分别介绍了尸斑、尸体僵硬、体温下降以及尸体干燥，这些其实都属于人死后不久

出现在尸体上的现象,即发生腐烂前的早期尸体现象。

观察尸斑以及尸体僵硬和干燥的程度,甚至测量死者的直肠内温度,通过这些方式我们可以推测死者死后经过的时间。虽然案件的知情人士提供的信息值得参考,但免不了会出现记错、伪证,因此万不可轻视尸检。

晚期尸体现象

人死后,一旦尸体没有被及时发现,就会发生腐烂。开始腐烂之后便进入尸体的下一个阶段,出现晚期尸体现象。

这一阶段,尸身的下腹部会变成淡绿色,角膜浑浊,尸体僵硬也逐渐缓解,随之产生大量的腐败气体。一般这个时候的尸体俗称"绿鬼"。如果在较为温暖的季节,会加速腐烂,甚至会有苍蝇在尸体上产卵,出现蛆虫。进一步腐败之后,死者全身开始变成红褐色,大量的腐败气体使尸体高度膨胀,出现所谓"巨人观"的现象,我们把这个时候的尸体称为"红鬼"。腐败加深后,尸体开始发黑,又被称为"黑鬼"。到了这个阶段,死者的身体软组织、内脏等部位开始软化溶解,形成黑褐色的液体流出体外,最终完全消失,只留下一副白骨,即所谓的"白鬼"。

于是按照"绿鬼→红鬼→黑鬼→白鬼"的顺序，尸体晚期现象最终结束。但是这种变化的顺序过程有时会因为季节、所在地区、死者个人的身体差异等因素而千差万别，没有固定的模式。因此验尸时只能通过法医个人的知识与经验进行推测（参照表3）。

表3 死后尸体变化

死后经过时间		尸体状态
早期尸体现象	1小时	未出现尸斑、尸体僵硬现象
	2~3小时	开始出现尸斑，尸体开始轻度僵硬
	4~5小时	手指按压后尸斑消失，尸体僵硬程度加强
	7~8小时	尸体高度僵硬，体温下降，尸体变凉
	10~12小时	尸斑和尸体僵硬几乎固定，手指按压后尸斑难以消失，尸体姿势改变后尸斑也不会转移
	1天	尸斑和尸体僵硬已经固定，手指按压后尸斑不会消失，体温下降明显
晚期尸体现象	2天	腹部出现淡绿色，尸体开始腐败；尸体僵硬开始缓解，角膜开始浑浊
	3~4天	进入"绿鬼"阶段，呈现巨人观现象，形成树枝状血管网
	5~6天	进入"红鬼"阶段，呈现巨人观现象，出现水疱
	7天	进入"黑鬼"阶段，尸体软化溶解

表3反映了春秋季节于东京发现的尸体的变化情况。由于个人体质差别、死因、尸体所处环境等其他因素不同，尸体的腐烂状况会也有所不同。另外，夏季尸体腐烂较快，冬季尸体腐烂较慢。表3仅供参考。

壁橱的上下

这是发生在初夏的一起案件。

一面壁橱之内,上层躺着一位老年男性的尸体,下层躺着一位老年女性的尸体,两人均是被勒死的。验尸后发现,老年男性的尸体腐败严重,已经进入"红鬼"阶段,大约死了3天;而老年女性的尸体虽有腐败,但只进入"绿鬼"状态,大约只有1天。

尸检报告写完不久,我了解到了犯罪嫌疑人的口供。两名死者均在3天前被凶手花了15分钟勒死,死亡时间其实相差不远。由于两具尸体的腐败程度相差较大,我怀疑凶手可能说了假话,便联系了警方。但警察告诉我凶手并没有说谎,谨慎起见,我们决定再次勘查现场。

壁橱内部将近10平方米,分为上下两层。暖空气容易往上层集中,因此男性尸体被暴露在温度较高的空气下,尸体腐败较快;而下层的女性尸体接触的温度较低,腐败速度较慢。发现这些细节之后,我终于确定凶手没有说谎。如此细节仅在3天之内就给两具尸体带来了迥然不同的变化,想通之后我不禁觉得受益匪浅。

还有一个案列情况相似。在一间不到8平方米的小房间内发现了一对年轻男女的尸体。两人留有遗书，从中得知两人是喝了氰化钾殉情自杀的。检查两人的口腔后发现，氰化钾检测呈阳性，这说明两人确实死于氰化钾中毒。但是在场的警官却提醒我："法医先生，这两人尸体的腐烂程度相差这么多，不像是殉情自杀，这遗书会不会是伪造的呢？"

这敏锐的发现让我一下警醒。男性尸体已经是"红鬼"状态，身体里充满了腐败气体，已经出现巨人观现象，但女性尸体只出现了淡绿色，才刚刚开始腐败。换句话说，这位男性死者至少先死一天，两人有可能不是同时殉情的。

不愧是眼力惊人的老警察，两具尸体的腐败程度的确如其所言相差甚远。不过，作为法医我也有自己的推测，于是就尸体现象与这位警官讨论了起来。在验尸过程中，这种警方与法医的互动是最为理想的状态。

言归正传，房间里的男性死者倒在褥子上紧紧抓着被子，女性死者半盖着被子，另一半身子倒在了地板上，可见服毒之后两人有多痛苦。另外，时值10月下旬，阳光从西边照在男人的被子上，而女人倒在窗边太阳照不到的地方。虽然两名死者共处一室，但由于日照、身体的覆盖物这些细节不同，导致两具尸体在随后4~5天的时间内腐败的进度出现了明显差异。指出这些后，我又向那位警官补充了前文提到的壁橱上下层的案例，同时又对现场做了更加细致的检查。

"所以这就是一起殉情事件，说得通的。"

"我明白了。既然专家都这么说了，那我也没意见。"

这件案子就这样尘埃落定。

永久性尸体

在众多尸体现象中，有两种被称为"永久性尸体"的特殊案例，即干尸化和尸体蜡化。

人死后，身体一旦发生干尸化或蜡化就会停止腐烂，形成永久性尸体。尸体在腐败前失去水分，变得像鱿鱼干、熟鱼干一样，就被称为干尸，不过一具尸体要彻底变成干尸的话，一般需要1~2年的时间，当然具体情况也许各有不同。尸体蜡化则是指体内的脂肪在人死后分解成脂肪酸和甘油，而后与水中的碱性成分（镁、钙、钾等元素）结合，形成皂状物。尸体被放置在冷水中1个月左右未发生腐败的话，就会开始蜡化，全身完成蜡化则需要1

年以上，完全蜡化后，尸体基本上不会再发生大的变化。

不过，在四季分明的日本，不管是干尸化还是尸体蜡化都难以实现，因为尸体在没有完成这两种状况之前，环境就会发生变化。尸体发现时多呈现半干尸化、半蜡化、半腐烂或者半白骨化的状态。

我曾经解剖过几具蜡化的尸体。每一具都因身份不详难以调查，估计是在山区河流的上游死亡的，长期浸泡在低温水中，出现了半蜡化现象；雪化之后河水上涨，尸体被冲到了下游城区，又因为初夏的日照而发生腐败，一部分尸体被发现时甚至露出了白骨。考虑到蜡化的机理，情况应该是我推测的这样。

干尸与白骨的同居

一天，某电视局的工作人员打过来一通电话。某地方街角的一间屋子里，有五个人死在了里面，但其中三具尸体是干尸，两具尸体只剩下白骨。

由于情况实属罕见，会聚而来的记者们请了周围几所大学的法医学者解释，为什么同一间屋子里会同时出现干尸与白骨。"尸体脱水后形成干尸，腐烂后形成白骨"这种教科书上的说明并不能很好地解释这个事实，因此他们才特意打电话给我。

一般在冬季，尸体不易腐烂会变得干燥，可能形成干尸，但在干尸化的过程中春去夏来，尸体转而开始腐败。如果没有人赶在腐败前保持尸体清洁和良好通风的话，就不可能形成干尸。至于白骨化的死者，他们应该是死于夏季。因为夏季炎热，尸体被放置后腐败速度快，再加上苍蝇产卵导致蛆虫啃食尸体，10天左右就会变成一具白骨。

"如果这是同居的两组人的话，会不会是某些邪教团体的住处？"根据以上推导，我反问记者。

"哎！您怎么会知道？太神奇了吧！的确如您所言，是一个邪教团体。"

"果然是一群不相信死亡的人哪。"

原来，这5人中有3人是冬天去世的，剩下的2人相信他们还能起死回生，像生前一样"照顾"这3具尸体，因此才形成了干尸。终于到了夏天，剩下的2人也迎来了死亡，由于无人保养便迅速白骨化了。可真是一群"虔诚"的人啊。

"所以应该不是什么杀人事件。"我最终解释道。

工作人员向我道谢之后，结束了这次访问。几天后的报道里出现了我的推论。

如何确定死亡时间

接下来,笔者总结一下确定死亡时间的方法。到此为止,第一讲到第四讲的内容都是围绕尸体的早期现象。这些现象出现在尸体腐败之前,即死后1~2天。这之后尸体开始腐败,进而出现"晚期尸体现象"。

当然,尸体现象会因为死者个人的身体情况、尸体的放置环境而有所不同,所以没有精确的数学计算公式,只能具体情况具体分析,依靠法医的个人经验去判断死者大概的死亡时间,比如4~5天、10天左右、1~2个月,等等。

如今,人类已经能够飞天揽月,但法医学仍然存在许多依靠经验的地方。虽说有五花八门的研究报告书,但其中没有任何一种可以直接准确地得出尸体的死亡时间,必须观察尸体现象才能作判断。

曾经一位名叫平濑文子的法医前辈作过一场关于体温下降的实测统计,这份统计结果(参照表4)我一直在使用。其内容简而言之:体外气温为20摄氏度时,死后5小时内尸体温度每小时下降1摄氏度,24小时后,每小时下降0.5摄氏度。

表4 尸体直肠温度与死后经过时间的关系

死后时间	体外气温（℃）								
	3~5	6~8	9~11	12~14	15~17	18~20	21~23	24~26	27~
5小时	26.5	27.5	27.6	30.0	30.6	31.2	33.1	33.6	33.9
10小时		25.5	26.0	27.3	27.9	30.2	31.3	31.8	33.0
15小时	22.3	24.2	24.8	26.6	27.0	28.2	29.3	30.5	31.5
20小时	20.5	21.1	22.1	24.1	25.1	26.1	27.3	29.1	30.3
30小时	12.8	14.3	15.8	19.1	20.6	22.1	23.9	26.6	28.7
40小时		12.1	13.3	15.7	18.5	20.9	22.9	25.7	28.5
50小时	6.5	12.5	13.5	16.5	17.0	21.0	22.5	28.5	

（2778例）
来源：东京都监察医务院平濑文子统计

表述可谓极其笼统，如果体外气温不是20摄氏度的话，就需要根据实际情况作出修改。

还有一种说法（参照图3）。如果设定空气中的尸体腐败速度为1，那么尸体在水中的腐败速度为1/2，在土壤中的腐败速度为1/8。但每具尸体的情况千差万别，这种规律只能作为参考。

空气中： 水中： 土中：
1 ： 2 ： 8

设定空气中的腐败速度为 1

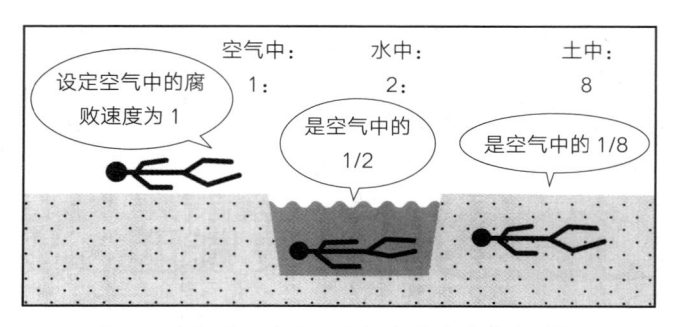

是空气中的 1/2

是空气中的 1/8

图 3 空气中、水中、土壤中的腐败速度对比

第六讲 生活反应篇：生前伤与死后伤

被锐器刺杀致死的尸体，可以从其伤口了解受伤的顺序。但如果是出现在火灾的焦尸，就无法立刻断定死者是否被烧死的。气管内无烟灰，血液呈暗红色，可以断定死者是在火灾前死亡的。人在生活状态下作出的一系列病理生理反应都是探明案件真相的重要线索。

锐器刺杀致死残忍吗？

在成为法医第10年后，我逐渐有了能力与信心，可谓意气风发，有段时间还一直埋头研究溺死现象。

一天早上，我吃着早餐看着电视，电视正在报道一则年轻主妇被凶手用锐器残忍刺死的消息。随后我又翻了一下报纸，整整三个版面都在报道死亡事件，有杀人的、自杀的、交通事故的、火灾烧死的，等等。看到这些报道，我就立刻知道当天的尸检工作不可能轻松了。吃完饭后，我便出门去给那位被锐器刺死的主妇做尸检了。

刚到单位，就看到记者们已经把单位围得水泄不通了。尸检在警视厅本部后院的太平间进行，搜查一科与鉴识科的警员早已在那里待命，警方的验尸官也在等我的到来。随后，我一边倾听案发辖区的负责人说明案件情况，一边与验尸官开始尸检。鉴识科的警员们拍摄完鲜血淋漓的死者后脱去其衣物，又细心地用相机记录她的全身状态和伤口。

此时，死者已经出现了严重的尸体僵硬，背部尸斑极少，颈部、胸部和腹部共计18处刺伤，由此可见这位主妇死于失血过多。这种死法不管谁见了都一定会感叹凶手心狠手辣吧。

随后，我须要测量伤口的大小和深度以推测凶器是什么，还要找出死者的致命伤。从伤口和伤洞来看，我猜测凶器应该是水果刀之类的锐器。再者，这些伤口并不一定都是死者生前造成的，已知伤口出现的顺序，接下来必须一一细查，根据死者的生活反应才能一目了然。

首先，颈部的4处伤口有暗红色的干血附着，生活反应强烈，应该是生前出现的伤口。其次，分布在腹部和胸部的8处刺伤，伤口边缘只有微量出血，而且可见黄色的皮下脂肪，这些是受到致命伤之后处于濒死状态才有的出血方式，此时受害者的生活反应已经微弱。最后，腹部的6处刺伤，伤口处没有血迹，只能看见皮下脂肪，这说明受害者的生活反应已经完全消失，腹部的伤口属于死后伤。死者身上没有其他防御性外伤。

很显然，凶手趁受害者不备，先是往其颈部捅了4刀，其中一刀切断了颈动脉，大量出血使受害者血压降低，意识模糊，当场倒下。致命一击之后，凶手仍然不依不饶地攻击受害者，其中的理由我们不得而知。

一般施暴时，如果没有做到一击致命，对方很有可能会站起反击，对自己不利，出于这种恐惧，施暴者会拼命补刀以求保险。在这种情况下，他们往往又会忘记攻击心脏等薄弱部位，一心只想着"多捅几下对方总会死的吧"。换句话说，这是一种弱者（女性、儿童或性格软弱的人）的犯罪。

强者（黑社会等）的犯罪追求一击必杀，弱者的犯罪往往倾向于用锐器连续刺杀，攻击死者的凶手并非残忍，而是出于自保。但是，这种出于自保的软弱心理经常会被解释成残暴成性、与受害者有不共戴天之仇、心理变态等。这些都不是缜密分析后得出的当事人的真实感受。

火灾中的焦尸

在火灾现场发现的尸体不一定是烧死的，在水中发现的尸体也不一定是淹死的。有时妄下定论会影响案件的侦破，在烧死和淹死的场合要格外谨慎。

在火灾类案件的分工上，警察专注于调查火灾的原因，比如是事故，还是有人故意放火；法医则主要调查死者的身份与死亡原因。因为必须区分是意外事故还是杀人放火，所以法医往往会解剖尸体以求正确的结论。火灾中的尸体虽然外表已经烧焦，但多数情况下不会烧及内脏，解剖后还能获得一定的线索。

比如气管内有烟灰附着，血液呈鲜红色，血液中碳氧血红蛋白饱和度高达60%~70%时，即可定为烧死。反之，气管内未见烟灰，碳氧血红蛋白呈阴性，一般被认为死者在火灾前已经死亡，必须马上锁定死因。

日本过去的房屋材料以木头和纸张为主，燃烧后只会释放大量一氧化碳，因此即使在火灾中呼吸几下，一氧化碳也不会立刻与全身的血红蛋白结合，人也不会马上失去意识，这才有了许多救火英雄的美谈。但如今，化学纤维等新型建筑材料被广泛使用，燃烧后除了一氧化碳外，还会释放氰酸钾等有害气体。如果简单地认为有烟无火就安全而贸然冲入火场的话，稍微呼吸几下就会失去意识，很容易被烧死，所以绝对不要贸然救人。

混淆视听的陷阱

一个抱着酒瓶的男人死在了路边，瓶子里没剩几滴酒了。与警署合作的私家医生（负责警员与拘留人员的身体健康，多为警署附近的私家医生，非专业法医）负责了尸检，查清了男人的身份。原来，男人生前不仅是个酒鬼，还是看守所的常客。由于死亡地点没有法医制度，因此无法解剖尸体，仅从尸体状况上看，像是饮酒过度导致的急性心力衰竭。

几天后，保险公司收到了保险金的申请，调查后竟发现受益人是死者生前的熟人，而男人是上保险后第3个月死亡的。情况令人怀疑，于是保险公司将保险金的支付推迟到调查结束后。

为此，保险公司打电话向我请教。像往常一样，我告诉他们必须在验尸之后才能发表观点。又过了几个月后，保险公司的调查员拿着收齐的材料登门拜访。

我看着黑白照片上的尸体，发现男人死亡时面部有淤血，虽然验尸的私人医生也记录了这一点，但我没有在死者的面部照片上观察到前颈部有勒痕，实在有些蹊跷。私人医生也没有发现勒痕。光凭这些线索，我无法得出结论。

人死时，生前最后的症状通常会保留在尸体上，发现并分析这些症状的痕迹可以推测出死者的死亡过程。死者面部有淤血，说明可能是窒息而死。虽然颈部无勒痕，但如果是用毛巾、围巾等宽边的条状物去勒人的话，就能够避免勒痕的出现。我只得告诉调查员自己目前的一些推论。

"好的，我知道了。我没退休之前也遇到过面部有淤血的案子，我参考一下再去调查。十分感谢您的提醒。"

其实，保险公司的员工里有不少退休的老警察。这位调查员说完之后便回去重操旧业了。

大概又过了一年半的时间，我已经忘记了这次咨询，突然有一天这位调查员向我打电话道谢。原来，事件在警察的再次调查之下被查清了，是一起保险金诈骗案。而破案的关键就是死者面部的淤血。起初，不管是警察还是验尸的私人医生都试图从死者抱着酒瓶这一尸体状态推测死因，这实际上是被犯人误导了。真正的死因，应该避免先入为主，在尸体的具体细节中寻找。

何为生活反应？

人在生活状态下作出的一系列病理生理反应，即为生活反应。例如人在活体状态下被刀割伤时，身体会出现反应，伤口流血；但死后，心脏停止跳动，血液循环和血压消失，被割伤之后，伤口处皮肤张开，皮下脂肪暴露，不会流血。前者表现为有生活反应，后者无生活反应。

呼吸系统的生活反应如前文所述，当死者的气管内沾有烟灰，血液呈鲜红色，碳氧血红蛋白饱和度高达60%~70%时，说明死者是在火灾中被烧死的。相反，如果气管内没有烟灰，血液呈暗红色，碳氧血红蛋白为阴性的话，说明死者是在火灾前死亡的（参照图4）。

总之，在侦破案件的过程中，尸体有无生活反应是一个重要的参考。

气管内吸附烟灰（烧死）　　气管内无异常（非烧死）

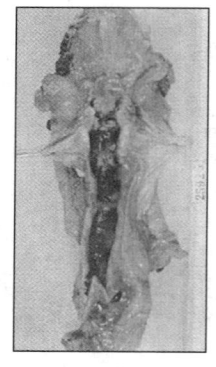

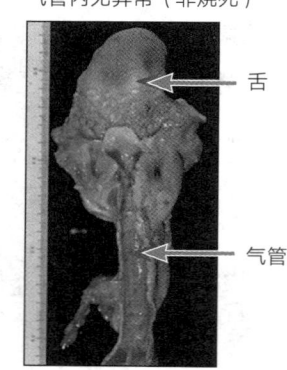

图4　火灾中死亡（左）、火灾前死亡（右）

第七讲 出血·淤血·溢血点篇：尸体的无声之言

> 一家小饭馆的老板娘死在了床上，由于没有入室行凶的痕迹，因此她被认定为病死。但尸体眼睑上的红点似乎暗示人们死者死于窒息。那些平时人们难以观察到的容易被忽视的地方，往往隐藏着诉说死因的证据。

出血、淤血、溢血点的比较

人被绳子勒紧脖子后，会呼吸困难，面色发红发紫，乃至出现淤血，这是因为颈静脉（经颈部皮下浅层连通心脏，是人体头部血液回流心脏的管线）受到压迫，血液停止流动，而位于皮下深层的颈动脉受到压迫较小，继续往头部输送血液。这导致被勒部位以上的颈部、头部的毛细血管血流不畅，出现暗红色甚至暗紫色，形成淤血。

如果淤血长时间无法消退的话，毛细血管就会膨胀变薄，红细胞透过血管壁渗出，形成红色小点，这就是溢血点。之所以不叫出血点，是因为出血点出现时血管发生破裂，溢血点出现时只是红细胞发生外渗，血管壁没有破裂。

窒息死等情况下，死者脸部有淤血，翻开其眼睑后可见睑结膜上出现溢血点。

另外，粗血管破裂出血后会危及人的生命。关于血液再补充几句，血液约占人体体重的8%，也就是说，一个60千克重的人大概有5升血液。血液分为动脉血和静脉血，动脉血颜色鲜红，含氧较多，静脉血颜色暗红，含二氧化碳、乳酸等身体废弃物；动脉血失血四分之一时，会危及生命，而静脉血即使失血二分之一，只要施救得当，还能够挽回生命。

密室杀人事件

小饭馆的二楼是饭馆老板的房间，60多岁的老板娘生前一直住在这里。由于饭馆两三天没有开业,周围的店主觉得蹊跷便报了警。一位警官带着两名刑警和一位鉴识科的警察进店后发现,老板娘死在床上,衣着正常,房间内一丝不乱,看情况像是病死的。但我验尸后发现,死者脸部有淤血,眼睑下有数颗小米粒大小的溢血点。虽然颈部没有类似勒痕的痕迹,但可以断定死者是死于窒息。我把这些情况告诉了警官。

"这么说是杀人案吗?"

"是的。"

"法医先生,这里可是一间密室,除了死者没有人能进得来哦。"

"是不是密室我不知道,但尸体上有证明死者窒息而亡的现象,所以我认为这是他杀。"我一边指出死者眼睑下小米粒大小的溢血点,一边向警官解释。

"但是,病死状态下不也会出现溢血点嘛。"

看来这位警官经验丰富,对尸体的情况也了如指掌。于是我又补充道:"警官先生平时也下功夫了嘛,的确如您所言。不过,尸体上的溢血点比病死情况下的要大一点哦。小米粒儿的大小,说明窒息死的可能性更大。"

人被勒住脖子后,体内血流受到外界压力影响而停止，溢血点会变成小米粒大小。心脏病发作导致呼吸困难窒息而死时，病人的眼睑也会出现溢血点，但只有针尖般大小（如图5所示）。虽然有例外情况，但总体而言是符合事实的。

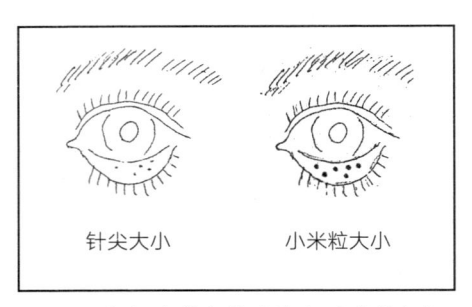

图5　红细胞从血管壁渗出形成溢血点

尽管如此，死者死于密室这一点是无法否认的，现场的情况也无法证明有人入室行凶。最终，警官还是否定了我的观点。

我只说了一句："麻烦把你们科长叫来。"

那位警官心不甘情不愿地去联系了上司刑事科科长。不久，科长飞奔而来，认真听完我的说明后说："警察们仔细搜查后判断现场是密室，我也这么认为。"他选择相信部下，也没有赞成我的观点。

"那让你们署长来一下吧！"

见我如此生气，科长慌慌张张地联系了上司署长。

当时我也担心事情闹大，不过还是坚持了自己的想法。不久，署长来了。一个法医把警察署署长叫到案发现场，可谓是空前绝后吧。

"法医先生，实在是抱歉。"

见到我之后，署长先是道歉，接着又对在场的警员命令道：

"你们的理由我很明白！但既然医务院的专家坚持有他杀的可能，你们就不能一意孤行！立刻联系警视厅本部！"

案件被认定为杀人事件之后，一大批搜查一科和鉴识科的警员赶来现场了。果然，事情真的闹大了！第二天，某大学公布司法解剖结果——无勒痕，死于窒息。说实话，知道结果之前，我紧张了很久，万一死者是病死的，我这一句话该给警察们添了多大的麻烦啊。

另外，警察的应对之道也令那时的我感叹不已。一开始陪同验尸的警官是副警部股长，随后赶到现场的是他的上司刑事科科长。科长没有指责部下，选择相信股长的判断。身为科长，做到这一点说明他很有分寸。而之后赶来的署长自然也理解警方的判断，但考虑到我是尸检领域的专家，不可能无视我的意见。因为署长不仅在警察队伍里位高权重，对外也有不小的影响力，必然要综合各方意见作出判断。目睹到各级警员各司其职的场面，我深切地感受到一个组织是如何运转，如何履行职责的。所以，这件事情到今天我仍记忆犹新。

注意颅腔底部的淤血

有一天，某县警本部的验尸官给我打了一通电话。

"老师，好久没联系了，您还好吧？"

这位验尸官曾在我这里研修，帮了我很多忙，人也容易相处。

"实在抱歉，这次我是临时抱佛脚，打扰您一两天，向您请教个事可以吗？"

"什么？不会是司法解剖之后还没查清楚的案件吧？你也知道，我只看材料的话是得不出结论的。"

"老师，您可不能见死不救啊！"

…………

谁知拒绝之后的第二天，他竟不请自来了，还带着部下，从大包里掏出一堆资料，开始往我的桌子上摆。

"我这像上门销售呢。"验尸官一边笑着一边说起了事情的经过。

某地郊区的一栋房子失火了，发现了两具焦尸，似乎是一对亲子，但还不能确认。加之火灾的原因不明，于是执行了司法解剖。

解剖结果显示，死者为一对母女，母亲25岁，女儿2岁，都是该房的住户。其中，女儿的气管内沾有烟灰，碳氧血红蛋白饱和度高达65%，明显是被烧死的；母亲的气管内没有烟灰，碳氧血红蛋白饱和度也呈阴性，说明她在火灾前就已经死亡，但是死因不明。这位母亲的肺、心脏、大脑等器官均没有发现致死的病变或损伤，而且血液中酒精含量也正常，更没有查出其他毒害物质。最终，提交的尸检报告书上只能写着：火灾前死亡，但死因尚未查明。

警方也从入室抢劫、杀人、纵火等角度继续展开了搜查，不久就发现死者丈夫的举止可疑——家毁人亡之后，不仅拿到了巨额保险金，还在外面养起情人来。由于尸检报告书上写着死因不明，警方便反复向尸检的主刀医生确认死者颈部到底有没有类似勒痕的线索。但实际上，死者的颈部、脸部均被烧焦，颈部肌肉处没有出血，软骨、舌骨等处也没有骨折，所以没有任何线索证明死者颈部在死前受到压迫。就这样,警方的调查陷入了僵局。

"事情就是这样。死者的丈夫行为可疑,但报告书上认定死因不详,案件没法取得进展。"验尸官继续说明着情况。又过了四五十分钟,一张彩色照片引起了我的注意。截至目前的搜查,这张照片一次也没有使用过。于是我拿起照片用放大镜仔细观察了一番。

"死者竟然是被勒死的啊……"

听我这么一说,验尸官大吃一惊,可能是心想,为什么我看了一张颅腔底部的照片就明白死因了。

"老师,为什么呀?"

他连问了我好几遍,实在不明白颅腔底部的照片与勒死有什么联系。

我翻开一本解剖学的书,一边向他展示人体头部和面部的血管分布图,一边解释道:"脸上有淤血,脖子上有勒痕,这种情况马上就能判断是勒死。但如果犯人抢了钱要逃跑的时候,放了一把大火,尸体脸上的淤血、脖子上的勒痕会被烧掉,证据也就消失了。这种犯人蓄谋已久,很是聪明。不过从法医学鉴定的角度来看,和这种犯人斗智其实挺有趣的。"我自信满满地对验尸官说道。但他却半信半疑地望着我。

我又指着解剖图（参照图6）说道："颈动脉的分布图告诉我们，同一根血管在头盖骨也有分布。所以死亡后脸上出现淤血，她的颅腔底部也一定会有淤血。"

其实，此时只要解剖尸体，去掉天灵盖，打开硬脑膜取出大脑，然后集中细查大脑，观察颅腔底部有无骨折，真相就能水落石出了。但实际上，并没有医生详细检查过这些。

我在溺死研究中有一个习惯，为了证明颅腔底部的颞骨岩部出血，经常仔细观察头颅底部，所以才知道死者面部有淤血，颅腔底部也必有淤血这件事。即使没学过医学，也大概能明白其中的原理吧。这与堵住河水下游，上游就会泛滥是一个道理（参照图7）。

"人骨一般是苍白的，但脸部有淤血的死者不一样，他们的颅腔底部会因为淤血而看上去有些淡蓝色。这一点是我的新发现，知道的人很少，就算把全世界的法医学教科书翻个遍，也找不到。我说的这个现象的原理你应该明白吧？"

"原来如此！道理我明白。如此一来，就算尸体脸上的淤血和脖子上的勒痕都被烧没了，也能用颅腔底部的淤血去证明犯罪嫌疑人的罪行了。太厉害了！真不愧是老

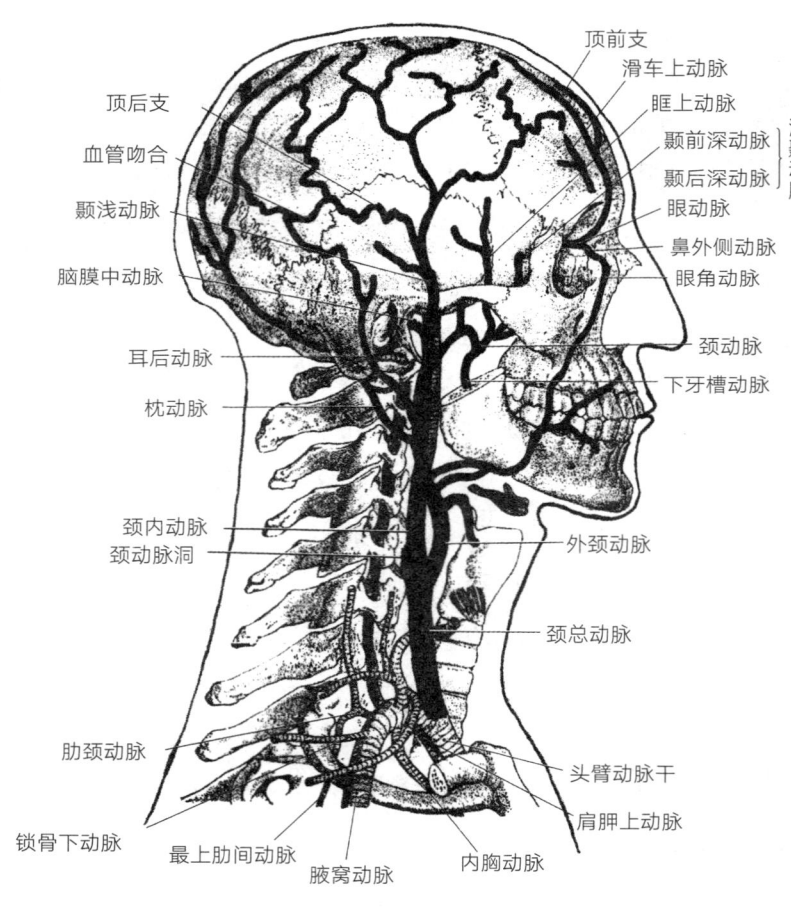

来源：金子丑之助《日本人体解剖学》

图 6 颅内及面部血管分布

病死	窒息死	溺死
苍白	淤血	颞骨岩部出血

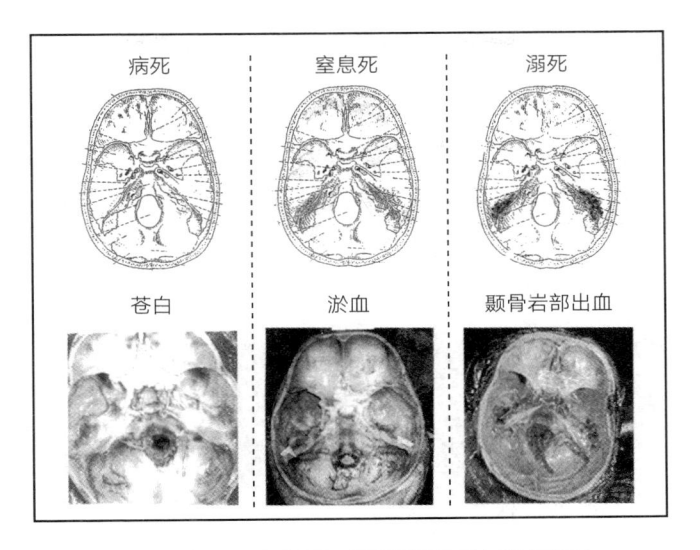

图 7　病死、窒息死、溺死情况下的颅底情况

师！太感谢您了！"

验尸官惊讶之余不忘向我道谢，随后就回去了。

几天后，我向县警提交了二次报告书。最终，死者丈夫被判有罪，受到了法律的制裁。这一切多亏了尸体的无声之言。

尸体头盖骨部位受到头骨保护，即使尸体腐败得只剩一堆白骨，甚至被烧焦，也能被用来观察。因此在寻找死因时，颅腔底部这一重要线索一定不能忽视。

不起眼却不能被忽视的溢血点

溢血点是窒息死、急病猝死等情况发生时尸体的典型特征，一般多出现在睑结膜，翻开眼睑就可以看到。溢血点虽然不起眼，但也有大小之分，大的如小米粒，小的似针尖。法医学的教科书上大多只提到有无溢血点，没有涉及其大小。

第二次世界大战之后，我做了30年的东京法医，解剖过2万多具尸体，积攒了不少关于溢血点的知识。接下来我将举实例谈一谈我的想法。

某日，一男子回家后看到父亲倒在了客厅，便请来附近的医生查看，得知父亲已经去世。报警后，警察经调查了解到死者生前一直患有阿尔兹海默症，而且近期没有去医院。在场的警官向我说明搜查情况，认为死者很可能是病死的。

但验尸后我发现，死者面部有淤血，睑结膜处有5~6处小米粒大小的溢血点，明显比针头大，看起来不像病死。我提出要解剖尸体，但遭到了死者家人的强烈反对。我向死者儿子解释道：

"令尊死因不明，我们无法下死亡诊断书。"

"我不管爸爸得了什么病死的,总之希望你们不要解剖!太可怜了!"

"您的心情我们十分理解。但令尊似乎不是病死的。"

听我说到这句话,男子有些吃惊,随即愤怒地反对道:

"又是高血压,又是老年痴呆!不是病死是什么!"

见他如此冥顽不灵,我问了一句:

"您是怕解剖之后会发现什么不好的情况吗?"

"什么意思?你是怀疑我吗?"

…………

"你们爱怎么折腾就怎么折腾吧!"

一阵沉默之后,男子丢下一句狠话就走了。

事情的经过就是这样。总之,我们决定先在监察医务院施行行政解剖,警察也会在场监督,一旦发现死者被勒死的证据,就立即改为司法解剖。

解剖后发现,死者气管中有气泡,气管黏膜和肺部均有淤血,肺胸膜上形成溢血点,果然死于窒息。颈部没有发现勒痕,说明有可能是被人捂住口鼻导致死亡的。但这种杀人方式很少在尸体上留下痕迹,无法证明嫌疑人的罪行,只能等待他的口供了。

几天后,警察对死者儿子展开严密审讯,终于令他说出了真相：男子长期照顾卧病在床的父亲感到疲惫和绝望，用被子捂住父亲口鼻，把他闷死了。

得知这一消息后，我立刻将行政解剖改为司法解剖，向检察厅提交了尸检报告书。这实在是一场人伦悲剧。

此次案件中，小米粒大小的溢血点与病死的情况明显不符，根据这一线索真相才得以水落石出。不过有时也会有例外，身为法医还是需要仔细观察。

一直以来，人们只注意到尸体上有没有溢血点，没有认识到由溢血点的大小也可以判断死因。这多半归咎于日本大学的解剖制度。大学只执行凶杀案件所需要的司法解剖，不负责病死、事故死亡、自杀等其他情况的解剖，而且只在解剖台上解剖一丝不挂的尸体，既没有到过现场，又不知道死者的衣着情况，只是单纯地记录尸体状况。

与他们相比，我们法医则与警察一同赶往现场，验尸后如果无法查明死因就执行行政解剖。突发死亡、事故死亡、自杀、他杀等一切非正常死亡都在我们的负责范围内。如此深入案件，作出判断，与大学的司法解剖截然不同。所以，我们更倾向于关注不同死因下的溢血点的大小。

有时，通过一处不起眼的溢血点，就能捍卫人权、惩凶除恶、维护社会秩序。

专栏 ❶

犯罪推理

1996年12月,美国科罗拉多州某富豪之女、6岁的乔恩贝尼被发现死于自家的地下室。恰巧当时正值大雪过后,没有留下出入案发房屋的脚印。因此,犯罪嫌疑人被锁定在乔恩贝尼的父母和她9岁的哥哥身上。

乔恩贝尼曾在美国儿童选美大赛中脱颖而出,当选"美国小小姐",这使得案件在当时备受关注,日本电视台也对此进行了报道。我作为法医学者参加过一档与之相关的节目,节目上放出了乔恩贝尼的尸体状况:

1. 死因为勒死
2. 身体上有多处擦伤
3. 头部遭受过钝器打击
4. 受害前似乎遭受过性侵

不过,在场的解说员们没有太关注这些就开始陈述自己的理由,有人认为父亲是犯罪嫌疑人,有人认为母亲形迹可疑。当我被问及意见时,我先表明自己并不知道死者的家庭情况和背景,之后提出了自己的看法——如果只从死者的外伤来看,犯人不像是大人,有可能是个孩子。

面对主持人的疑惑,我又解释道:"一边是大人,一边是6岁的小女孩,如此之大的体格差距,即使小女孩反抗,大人也能轻松地一击毙命吧。但从小女孩的外伤看,凶手与受害者之间似乎发生了争斗,这难道不是两个孩子在打架吗?"

我得出这一结论的依据在第六讲里已经论述,即受害者外伤较多,则说明罪犯很有可能为孩童、女性等弱势群体。行凶时他们不知道自己下手的轻重,为了防止被反击,会一直攻击直到对手停止抵抗,并且还会给出致命一击,因此尸体往往伤痕累累,死状较惨。这是一种弱者的犯罪模式,并不能说明他们性格残忍。

美国的各方报道中，也有人与我持同样观点。如今，案件已经过去25年之久，依旧真相未明。有人指出，虽然警方在案件发生时进行了搜查，但后续调查却被死者家人雇用的律师团队拒绝了。日美两国法律对此的处理截然不同，这让我很惊讶，因为在日本这种阻止调查的行为是不可能被允许的。

另外，说到犯罪推理的结果，其实我也曾经作出过错误的判断，比如1997年的神户儿童连续杀害事件。1997年5月27日，有路人在神户市区某初中校门前发现了被割下的男童头颅，更让人震惊的是，被害人嘴里夹着犯罪行为声明书。根据公布的尸体状况来看，颈部以下的躯干部分没有任何擦伤或撞伤，被害人应该是直接被勒死的。当时，我判断凶手应该与男孩有很大的体格差距，是一个身高在一米七以上的壮汉。另外，被置于校门口的死者头颅面部保存良好，仍可分辨，这说明犯人与死者素不相识，很确信不会查到自己身上。

但意外的是，凶手竟然是住在死者附近的14岁中学生！判断失误！当然，总体的推论也有正确的地方。比如被害者躯干的发现地点没有血痕反应，就有人认为凶手是在别处杀人，给尸体放了血。对此我就曾反驳道，人死后心跳停止，人体内的血液流动也会停止，血压和血流消失，所以没有必要给尸体放血。总之，这起案件中，我的确没能看出凶手的罪行已经偏离了以往的法医学和犯罪心理学的分析范畴。

随后的一些案件也逐渐颠覆了我的常识，比如2014年的两起案件。一件是长崎县佐世保市某女子高中生杀害了自己的同学，并将其头颅和左手割下；另一件是名古屋大学某19岁女大学生在自家公寓内将一位老年女性残忍杀害。两起案件中，凶手都明确说过自己想杀人，也就是说，赤裸裸的好奇心推动她们犯下这毫无人性的残忍罪行，其中甚至感受不到凶手掩盖罪行、逃避逮捕的挣扎。

尽管这一切令人绝望,但我们绝不会坐以待毙,法医学需要不断革新!

第八讲 窒息篇 其一：面部有淤血的尸体

> 窒息死是因无法呼吸而导致的死亡。除病死之外，由外力作用导致无法呼吸的情况较多，如用绳子勒住颈部、用手掐脖子等，每种情况留下的痕迹、所导致的面部状况、致死时间都各不相同。

必须先观察每具尸体的颅腔底部

一个人呼吸困难在痛苦中死去后，面部会出现黝黑的淤血。淤血颜色较深时，有大量血管分布的颅腔底部也会有淤血产生。有时尸体脸部和颈部在火灾中被烧焦，看不出勒痕和淤血，而颅腔底部的淤血仍然能够保存，可以作为窒息死的证据。除此之外，即使尸体腐烂化为白骨，颅腔底部的淤血依旧可以发挥作用。这一点都在第七讲有所提及，一定要牢记于心。

口鼻孔道闭塞所导致的窒息

有些和婴儿睡一张床的母亲在哺乳时会不小心睡着，乳房压迫婴儿的口鼻，使其窒息而死。若是过失致死，倒还有减刑的余地。但有时也有人会伪装成过失杀人，因此这一点也要格外注意。

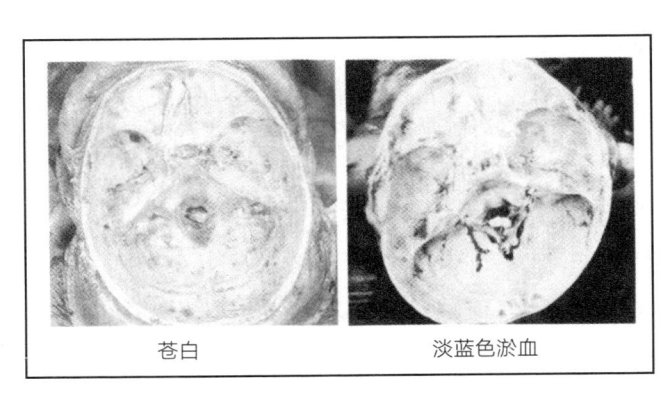

苍白　　　　　　　　淡蓝色淤血

图8　病死（左）与窒息死（右）情况下的颅腔底部

一般成人凶手多会用手掌直接捂住受害者的口鼻，但这种情况下容易遭到对方的反抗，所以要么凶手的体格远超受害者，要么多人行凶，要么先让受害者无法反抗后再将其闷死。

喉管关闭窒息

食物或其他物体在咽喉、气管处堵塞导致人无法呼吸，即所谓的喉管关闭窒息。

有时婴儿不知道如何吸吮母乳，会连同空气一起吸入，所以哺乳后，一定要让他们先打嗝再侧身睡觉。打嗝能排出吸入的空气，侧卧睡觉是为了防止吐出的母乳又被吸入气管里。

幼儿误吞糖果、弹珠、小玩具时也会发生喉管关闭窒息；老年人在吃年糕、生鱼片、肉类等食物时容易噎食，误吞假牙而导致喉管闭塞的情况也时有发生。因噎食窒息而死的老年人尸体被解剖后可以发现，其中一半以上有脑软化症状。另外，中年人在喝得酩酊大醉或食物中毒等情况下，口舌变得迟钝也会发生噎食。

说到误吞的食物，更多人想到的是光滑软糯的年糕、生鱼片之类的，其实像面包那样需要唾液搅拌不容易直接吞咽的食物也会导致喉管闭塞。曾有人在参加吃面包比赛时，喉咙被卡住致死。

总之，将食物整口吞入或一次性喝太多的水，这些行为都伴有喉管闭塞的危险。因此在日常生活以及照顾别人时，我希望各位读者能够牢记这些知识。

颈部压迫

颈部压迫一般分为缢死、勒死和扼死。关于三者的区别，请参照表 5。接下来我将按顺序分别说明这三者的特征。

1. 缢死（上吊）

缢死一般分为典型缢死与非典型缢死。

典型缢死即双脚完全悬空，全身体重集中在颈部的索状物上。此时，经过颈部的颈动脉和颈静脉受到压迫后几乎同时闭塞，导致大脑血流停止，而颈部以下神经也在压迫的影响下麻痹，手脚会变得无法动弹，心肺功能逐渐丧失。最终气管闭塞，受害者在呼吸困难中很快死去。

因为颈动脉和颈静脉内的血液几乎是在瞬间停止流动

的，所以不管是索状物以上的皮肤，还是索状物以下的皮肤，都呈现苍白色。这也是在下文中将会提到的区分这三者的重要线索之一。另外，喉部也会受到索状物的压迫，这使死者的舌头伸到齿列前方，牙齿咬着舌头。少数情况下，睑结膜上会出现针眼般大小的溢血点。

至于非典型缢死，即体重没有完全集中在缠绕颈部的索状物上，窒息致死时间延长。比如双脚能够稍微接触到地板时，身体非完全悬空，颈部压迫就会时隐时现，从而延长窒息致死的时间；若索状物较宽，对颈部的压迫没有那么强烈，也会发生死亡延迟。非典型缢死的尸体，一般勒痕以上的颈部和面部会发生血液滞留，出现严重淤血和大量溢血点，勒痕以下的皮肤惨白。

据说，表演上吊的演员会在自家将绳子固定在柱子上，摊开剧本面对镜子进行练习。可能他们以为脖子被勒住后，人会因为痛苦而伸直双腿，不自觉地伸手摸绳子吧。但实际上，一旦体重集中到绳子上后，颈部以下身体瞬间麻痹，双手双腿变得难以动弹。所以，千万不要尝试模仿上吊。

杀害妻女的丈夫

一位男子哭诉自己的孩子不见了。警察得知后，立即从事故和绑架两个方向展开了大规模搜查。2天后，在男子住处附近的树林里发现了一具被勒死的女孩尸体。勒痕水平环绕颈部一周，隐约可见。

警察认为该男子举止可疑，审讯一番后才知道，原来男子在数月前给自己女儿上了500万日元的人身保险，勒死女儿后又将其伪装成绑架，试图骗取保险金。可真是一位心狠手辣的父亲。

另外，男子的妻子2年前"上吊自杀"。警察认为有必要重新调查一下，就展开了二次搜查。当时的资料显示，在当地派出所巡警的见证下，镇上的医生执行了尸检。尸体脸部有淤血，睑结膜出现溢血点，颈部有明显勒痕。又考虑到当地治安环境良好，于是这件案子就以上吊自杀处理了。

杀人骗保的事情败露后，男子被关进了监狱。当被问及妻子的死前情况时，他是这样回答的：妻子失踪后他找了很久，最终在储物间内发现她已经上吊了。绳子挂在天花板的横梁上，妻子两脚离地悬在空中。切断绳子把人救下来后发现人已经死了。

从男子的口供来看,妻子应该属于典型缢死,但尸体状况更接近非典型缢死或勒死。如果是典型性缢死,尸体面部不会出现淤血。

另外,警方询问当时尸检医生的详细情况,得到的回答是"似乎后颈部有水平环绕的勒痕"。实际上,只凭颈部勒痕是无法断定到底是自缢还是他人勒死。但是这一细节没有引起任何人的注意,死者最终被贸然断定为上吊自杀,男子也顺利骗取了妻子500万日元的保险赔偿。

言归正传,一番严格审讯之后,男子最终承认是自己勒死妻子伪装成自杀,骗取保险金的全部罪行。杀害妻子后的两年间,他用这笔钱花天酒地,游山玩水,挥霍殆尽后竟然在自己亲生女儿身上故技重施。实在是罪大恶极!参与其妻子案件调查的警方与尸检医生没能辨别出上吊自杀和他杀勒死,也难辞其咎!

2. 勒死

勒死,即用索状物勒住受害人颈部使其窒息而死。一般凶手会用索状物在受害者颈部水平缠绕至少一圈后,手握两端交叉拉扯,所以受害者颈部会留下一道水平环绕的勒痕。又因为只有颈静脉受到压迫,所以勒痕以上的颈部

表5 颈部压迫导致的窒息死的特征

	缢死	勒死	扼死
前颈部			
左颈部			
后颈部			
手段	除"身背地藏"外,多为自杀	除自我勒死外,多为他杀	基本上为他杀
勒痕走向	从前颈部经过下颚的下方,再蔓延至耳部后侧,朝着后头顶逐渐消失	像系领带一样水平环绕颈部一周;颈部正面有反抗时留下的抓痕;自我勒死时无抓痕	无绳索状勒痕,可见手掌的握痕
勒痕深浅	前颈部勒痕较深,延续到后颈部时逐渐变浅;勒痕上无脱皮出血	勒痕绕颈部一周,深度一致;勒痕表面有脱皮和皮下出血等症状	前颈部和左右两侧颈部留有握痕

续表

	缢死	勒死	扼死
面部状况	面部苍白，溢血点较少；口鼻处会有血液、体液流出	面部有淤血或肿胀，溢血点较多；口鼻处流出的血液、体液附着在口鼻周围	面部有淤血或肿胀，溢血点较多；口鼻处流出的血液、体液附着在口鼻周围
尸斑	出现在手脚及下半身	出现在身体背面	出现在身体背面

和面部会有严重淤血，睑结膜出现溢血点。另外，若喉部的压迫多，则会使死者牙齿紧咬伸出的舌头。

被勒过程中，受害者因为呼吸困难而去挣脱索状物，拼命用指尖隔开绳子。如果此时指甲抓破绳子周围的皮肤，就会形成所谓的防御性创伤。若凶手用毛巾、围巾等宽幅的索状物行凶的话，有时不会留下勒痕。

绝大部分勒死都属于他杀，但其实也有自我勒死这种特殊情况，即自杀者自己在脖子上缠上绳子勒紧自杀。但如果仅仅将绳子绕脖子一圈后用力拉扯两端，自杀者会因为呼吸困难而失去意识，松手之后绳子松弛，又能恢复呼吸。为了避免失败，选择勒死自杀的人会在收紧绳子的同时系一个死结去固定绳子，这样一来即使失去意识松开手之后，也能保持窒息状态，完成自杀。所以，自我勒死的人被发现时,绳子一定是紧紧固定在脖子上的。

3. 扼死

扼死,即用手掐住受害者颈部,使其窒息而死,是一种他杀手段。受害者前颈部和侧颈部会出现凶手手指或指甲的痕迹,因此必须详细调查凶手的各个手指是如何发力的。另外,受害者为了保命往往会抓住凶手的手腕,他们的指甲里很有可能留有凶手的皮肤或血液。同理,凶手的手部或胳膊上多会有擦伤、抓伤等受害者抵抗的痕迹。

扼死还有一种情况,弯曲肘关节锁住受害者的颈部,使其窒息而死。具体来说,凶手弯曲上肢关节从受害者背后用力锁住其颈部,导致受害者颈部左右两侧以及气管受到压迫,最终窒息而死。这种情况下虽然不会产生勒痕,但尸体面部的淤血、睑结膜处的溢血点仍可证明受害者死于窒息。总之,判断窒息手段必须细心地调查。

胸腹部压迫致死

可能有很多人认为,呼吸时肺会自主吐纳空气,但实际上肺是由像微型气球一样的肺泡集合而成的,本身没有任何肌肉。所以,单单依靠肺本身是无法完成呼吸的。

其实，肺是依靠横膈膜和肋间筋膜的胸腔运动来完成呼吸的。肺部位于胸腔之内，胸腔扩充时人体吸气，变窄时呼气，靠着这种伸缩运动，空气能够在肺部往返，完成呼吸。当胸腹部位受到强烈压迫时，即使口鼻和颈部通畅，人也会因为难以呼吸而死亡，这种现象在地震后被废墟掩埋的死者身上尤为常见。

胸腹部压迫致死后，压迫部位一般毫无血色，格外惨白，上胸部、颈部、面部出现严重淤血，呈现暗紫色。当然，从这些特征可以反推死者的死因。

第九讲 窒息篇 其二：解开窒息死的谜团

> 东京的荒川河上惊现一具女性浮尸。起初被认定为溺死，但尸体颈部淡淡的勒痕不由得让人联想到上吊。荒川河上的巨大铁桥也不像是能上吊自杀的地方。法医怀疑这莫不是"身背地藏"……

呼吸的原理

刚从心脏流出的动脉血中含有携带大量氧气与养分的红细胞。这些红细胞顺着血管通道朝着身体末梢移动，通过毛细血管给全身的细胞输送氧气与养分，细胞也由此完成新陈代谢。比如说，人体的肌肉组织主要由肌细胞构成，具有特别的收缩和舒张功能，运转过程中会消耗氧气、养分，产生二氧化碳、乳酸等代谢物。

毛细血管中的红细胞在输送养分的同时，还吸附这些代谢产物，此时动脉血转化为静脉血流往肺部，肺部通过呼气过程可以排出二氧化碳。而肺吸入的空气中又含有氧气，红细胞再次与这些氧气结合，形成动脉血流向心脏，如此重复下一轮的血液循环。

换句话说，肺的呼吸过程就是将动脉血转换为静脉血的过程，对身体而言发挥着极其重要的作用。因此，脖子被勒住而无法呼吸时，大脑的神经细胞就会因缺氧而衰弱，持续4分钟左右，大脑血流停止，人也即将迎来死亡。

窒息死，简单来说是因无法呼吸而导致的死亡，实际上是因为主宰心肺功能的脑干神经细胞缺氧受损，大脑无法下达指令而导致的死亡。

另外，肺部吸入大量水或其他液体也会导致窒息死亡，称为溺死。关于溺死，我将在后文另作说明。

解开窒息死的谜团

某一天,有四名刑警过来找我。

"七年前,我听过老师您的课,当时对我帮助很大。"

其中一位中年刑警一边对我道谢,一边递了一张名片。上面赫然印着"警视"二字。("警视"是日本警官的职级之一,在警部之上,警视正之下。)

"不瞒您说,我现在负责一起案子。有个独居的年轻女职员死在了公寓的床上。案发现场没有任何外人进入的痕迹,房间里也暂时没有查出线索。尸体脸上有淤血,睑结膜上有若干处溢血点,看上去像是病死的。保险起见,我们请大学做了司法解剖。负责解剖的主刀医生年龄不大,只告诉我们死因是窒息,但具体是哪种窒息他也不知道,又把问题交给警察了。但是我们也没有头绪,所以到这里想向您请教请教。"

"嗯,情况我大概知道了。不过,那个主刀医生说话可真是不负责啊,到底靠不靠谱啊。"

听了这位警视的说明,我心直口快,忍不住感慨了几句。随后开始分析道:"说到窒息死的分类,一般有病死(支气管哮喘)、意外死亡(食物哽噎)、自杀窒息(勒死自己)、他杀（勒死、扼死、口鼻孔道闭塞等）这几种情况，我们一个一个来看吧。"

1. 病死

支气管哮喘患者可以吸气，但由于支气管病变狭窄，无法呼气，发病时容易窒息。解剖后可见患者多患有肺气肿，肺部像气球一样鼓起，一碰到手术刀就瘪下去了。

陪同解剖的刑警是事发辖区的主任，他告诉我们，死者的肺部没有病变。由此可以排除病死，这也说明主刀医生没有做过哮喘死者的解剖。

2. 意外死亡

例如醉酒引发的食物哽噎，呕吐物倒流气管引发的窒息等情况。对此，一名刑警说道，死者的气管内没有食物堵塞，酒精检测也呈阴性。看样子又排除一种可能了。

3. 自杀窒息

将索状物缠绕颈部用力勒紧的一种自杀方法，第八讲有过详细说明。毫无疑问，最大的特征就是尸体被发现时颈部一定缠有绳子等索状物。

一名负责搜查的刑警立刻回答说，死者被发现时颈部没有绳子，自杀也排除了。

4. 他杀

目前用排除法已经否定了除他杀以外的所有可能性，于是我建议按照他杀的方向展开调查。

"老师，案发现场就是一间密室，而且房间也井井有条，很难认为是有人进去杀人的。"

"别老是盯着现场状况。尸体是窒息死，手段从排除法上看只有他杀。你们再按照这个方向查一查吧。"

听完我的建议后，警察们向我道谢，迈着沉重的步伐回去了。

三个月后，警视那里来了一通电话。

"老师，多亏您的指点。犯人逮到了！"

原来，受害者生前是某公司的一名新员工，负责她的上司对她一见钟情，好几次约她吃饭。受害者虽然碍于他上司的身份而赴约过，但不久之后就变得爱搭不理。

大概半年后，受害者要结婚的消息传到了上司那里。贼心不死的上司打开了她的储物柜，从她手提包里偷出了钥匙自己配了一把。

深夜，上司戴着手套潜入受害者的房间，趁着对方熟睡突然骑在她身上，用毯子蒙住后再用双手死死地按住受害者的口鼻和脖子。受害者挣扎了几下后便没有了动静。

上司对着尸体一阵抚摸之后，就锁上门逃走了。

尽管这是一起他杀案件，但因为凶手戴着手套，隔着毯子按住受害者的口鼻和脖子，所以现场没有直接发现扼死的痕迹。但从尸体面部的淤血和睑结膜上的溢血点仍然可以推测出死者死于扼死。

"身背地藏"

东京的荒川河上惊现一具女性浮尸。

尸检后发现，死者口中漏出不少含有细小白色泡沫的液体，看状况像是溺死。但其颈部淡淡的勒痕不由得让人联想到上吊，而且尸体面部有淤血，睑结膜上出现溢血点。是溺死还是上吊？由于死因不明，便在监察医务院内执行了行政解剖。结果显示，受害者是在假死状态下溺水身亡的。

事件发生在昭和三十二年（1957年），那一年是我在大学的法医学研究室担任助手的第二年。有不少法医前辈参与了这起案件，我也自始至终高度关注。

主刀医生被会同解剖的几位警察问及尸体详情，他认为死者在荒川区上吊，绳子断开后掉进河里，在假死状态下溺水身亡。但警察随即反驳道："荒川河是我负责的区域，那里除了桥梁外，没有适合上吊自杀的地方，河边也没有适合自杀的树木。"

不过，荒川河上流的山谷地区属于森林地带，倒是有许多适合自杀的大树，长长的树枝甚至从河边伸向了河中央。但是，死者有必要冒着危险跑到河中央去上吊自杀吗？

解剖室内，几名警察围着主刀医生继续探讨这个问题，不久又有几位完成解剖的法医也加入了讨论。其中，有一位老法医提出了"身背地藏"这个假设。

"什么是'身背地藏'？"几位警察异口同声地问道。

"我也是从祖父那里听到的这个说法。"老法医开始不急不慢地解释。

这个说法可能现在也很少有人知道。日本江户时代，村里的能工巧匠会雕一个地藏王菩萨的石像。雕完后，村民们集中起来排好队，像过年过节一样隆重地把地藏王菩萨请到村里的十字路口。为了把沉重的石像搬过去，一般村里的年轻人会用绳子捆住石像的下颚，把地藏王背靠背地驮过去。如此一来，年轻人背上的地藏王菩萨就像上吊一样。由此得名"身背地藏"，这也是一种背人的姿势。

从法医学的角度来说，身背地藏这一姿势会导致被背者颈部留下勒痕，多会让人误以为是自杀，实际上属于他杀。倘若真是这样，说明凶手诡计多端，案件性质也将是一场彻头彻尾的犯罪。

尽管此前没有出现一例类似案例，但警察还是顺着这一假设锁定了犯罪嫌疑人的特征。

首先，从体格上看，犯罪嫌疑人有可能是个远强于死者的壮汉；其次，犯罪嫌疑人有可能精通法医学（一想到有可能是同行作案，不禁冷汗直冒，希望真相并非如此）；最后，如果犯罪嫌疑人是与法医无关的外行，那有可能是个单手残疾的人。

大家讨论完犯罪嫌疑人的特征后，陷入了一阵沉默。尽管没有得出最终结论，但此次讨论还是到此为止了。

"仅从一个死因竟然能去反推凶手的特征，真不愧是老师！"四名刑警向我连声道谢后，便回去了。

两天后，被害者身份查明了，这名女性住在东京近郊，个子不高。调查范围锁定后不久，自知在劫难逃的犯罪嫌疑人选择了自首。

当时，犯罪嫌疑人是独臂壮汉的报道和照片印满了报纸。果然，我们的推理是准确的。

根据犯罪嫌疑人口供得知，当时他邀请受害者来到荒川河坝上，两个人谈着谈着下起了小雨。"淋雨会感冒哦。"犯罪嫌疑人在假意提醒之际，将提前准备好的长手帕放在了受害者女性的肩膀上，之后找准时机抓住手帕的两边，勒住她的脖子拽到自己身上，又把她拖下大坝，一路上两人背靠背如同"身背地藏"一般。受害者昏迷之后被犯罪嫌疑人扔到了荒川河里。

法医根据尸体状况推测犯罪嫌疑人特征并不算什么新鲜事，因为自始至终尸体都在诉说着真相。半个多世纪前的这起案件既让我见识到了法医如何大显神威，又给予了我成为法医的动力。

第十讲 溺死篇 其一：溺死的原因在耳朵里

会游泳的人反而在水没有没过头顶的浅水池里淹死？为了解释这种不可思议的现象，我详细调查过很多溺水致死的尸体，发现有一部分死者的颞骨岩部有出血。一个大脑和心脏都没有病症的人到底是如何失去平衡感在水中失去生命的呢？

会游泳的人淹死

一位游泳运动员在水没有没过头顶的浅水池里淹死了。医生验尸后，判断是淹死。但死者的同事却提出反驳："医生，他可是一名游泳运动员呀。就算在池子里呛了几口水，直接站起来就行了，怎么可能淹死！"

"因为在水里心脏麻痹。"

见医生如此解释后，同事只得作罢。

这起事件给我留下很深的印象。因为在一些浅滩地区人可以直接站在水里，按道理来说不可能发生溺水，即便发生了，以"心脏麻痹"为由一概而论也实在是让人大跌眼镜。

凡是快死的人都可能心脏麻痹，不仅是心脏，大脑和肺部都会出现麻痹。换句话说，这些麻痹只是将死的症状而不是真正的死因，真正的死因是导致这些重要器官出现麻痹的疾病或情况，比如肺炎、胃癌、脑出血等，这些才可以被称为死因。所以，拿"心脏麻痹"作为死因纯属庸医的敷衍。这起事件之后，我对研究溺死产生了兴趣，一直主动为溺水窒息的尸体做尸检和解剖。

经过两三年的研究，我发现一些溺死者的颞骨岩部（又称颞骨椎体，位于颅腔底部左右两侧，内藏听觉器官和平衡器官）有出血现象。

在20世纪60年代，诊断溺死主要依靠解剖肝脏或肾脏，检测其中的浮游生物。正常情况下，人淹死后肺部会吸收大量水分，而浮游生物也会随这些水分一同被吸收到血液里，最终滞留在肝脏或肾脏中。所以只要检测出浮游生物，就可以断定为溺死。

但实际上，病死之人的肝脏中也有可能检测出浮游生物，这种检测方式造成的误诊也越来越多。另外，海浪中携带的大量浮游生物被冲上陆地，风化之后留下的残骸会混合着灰尘被吹向空中。一旦吸入这些残骸，即使不是溺死，也可以从肾脏中检测出浮游生物的存在。

寻找一种不依靠浮游生物的新方法去诊断溺死成为那个年代法医界的重要课题。当时的法医学会向文部省申请研究经费，只获批了200万日元。再加上该课题是12所大学联合展开的公募性研究，一所大学只能分到大概16万日元。相比之下，文部省给癌症研究等课题拨付的研究费用，一名研究人员就能获得数千万日元。如此差距令我大跌眼镜，但也只能硬着头皮往下做。

颞骨岩部出血引发窒息

解剖溺死的尸体，取出颞骨岩部制作成显微镜标本，我在详细调查后发现，有60%的溺死尸体出现颞骨岩部出血。随后，我把这一现象命名为"溺死尸体中出现的颞骨岩部出血"，并将汇总结果在学会上发表。不过，如果想发表学术论文，就必须进一步解释为什么大部分的溺水尸体会出现颞骨岩部出血。

头颅中，咽鼓管是连接鼻腔内部与内耳的重要通道，而颞骨岩部内有一些含气孔小腔，以咽鼓管与外界相通，腔内有黏膜覆盖并有细小血管分布。有时鼻子不小心吸水后，耳朵里会出现痛感。这种痛感一旦加强就说明咽鼓管进水，形成了堵塞。如果此时继续在水中做呼吸动作与吞咽动作的话，咽鼓管中的积水在增多的同时也开始往返流动，进入内耳，加之水压经外耳传导，岩部腔内受压导致黏膜小血管发生淤血或出血。这就是颞骨岩部出血的原因（参照图9及第七讲的图7）。

相比之下，常见疾病至死的尸体，其颞骨岩部颜色苍白，在显微镜下可发现含气孔的小腔呈不规则分布，腔内黏膜极薄，紧贴颅骨，毛细血管清晰可见。而窒息死亡的尸体，腔内黏膜淤血肿起，颞骨岩部呈红褐色。在溺死中，颞骨岩部受压进一步增大，直接出血（参照图10）。

1966年，《溺死尸体中出现的颞骨岩部出血》一文正式在法医学会发表。此后，该学说获得了同行们的一致认

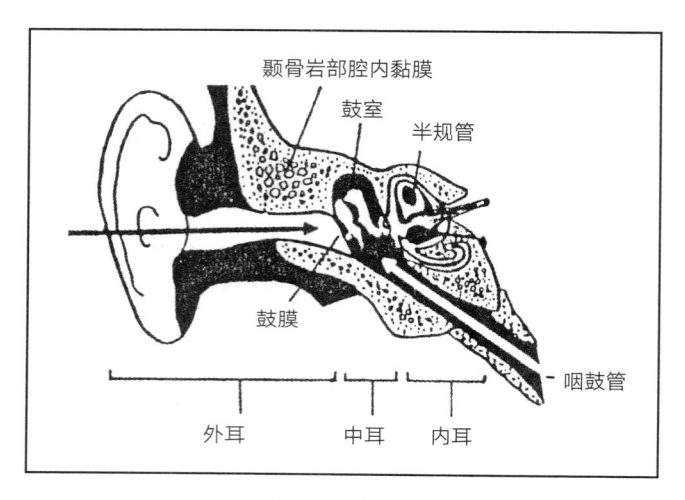

图9 耳部的构造

同，并刊登在法医学教科书之中。

不仅如此，关于会游泳的人在浅水区淹死这一现象的研究也取得了进展。原来颞骨岩部的中心部位有一个叫半规管的重要器官。腔内黏膜一旦出现异常，就会波及半规管，导致人的平衡感知能力下降，出现头晕等症状。即使是意识清晰、脑部健全的游泳健将，一旦无法掌握平衡，在浅水区遇难也不足为奇。

于是第二年，我成功发表了一篇关于会游泳的人为何会溺死的论文，重点解释了其原因不在于心脏麻痹，而在人的耳朵。这在当时也算是一大发现。凭借着微不足道的经费，我们法医取得了丰硕的成果。

	病死	窒息死	溺死
颞骨岩部			
横截面			
组织状况			
	颞骨岩部腔内黏膜正常	颞骨岩部浮肿出血	颞骨岩部出血
	颞骨岩部颜色苍白，在显微镜下可发现含气孔的小腔呈不规则分布，腔内黏膜极薄，紧贴颅骨，毛细血管清晰可见	颞骨岩部有淤血，呈红褐色或淡蓝色，横截面的薄膜呈红色，出现浮肿；毛细血管出现淤血	颞骨岩部呈红褐色，腔内薄膜上布满鲜血

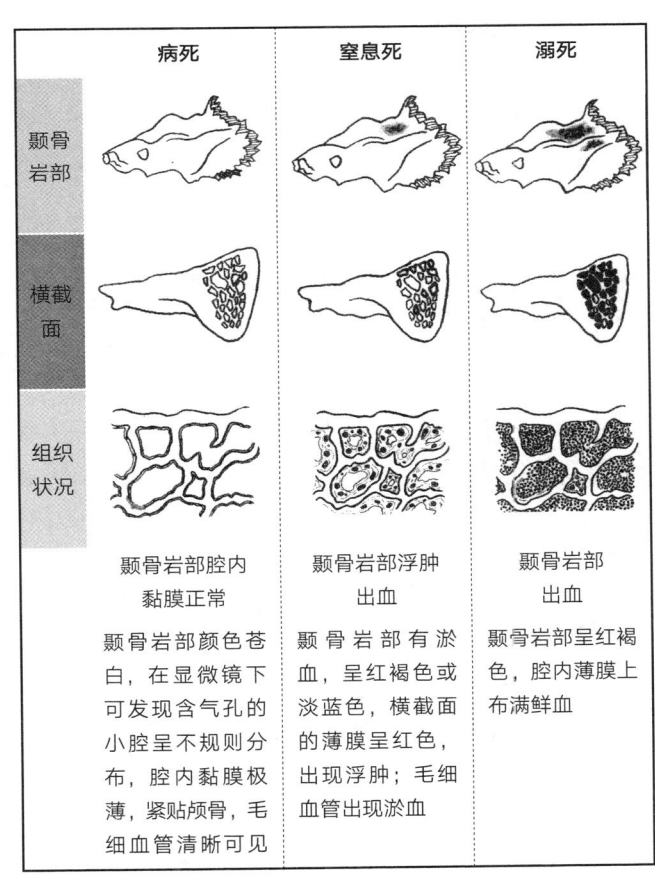

图 10　病死、窒息死、溺死状态下的颞骨岩部状况

白色泡沫状液体是溺死的证据

在判断溺死时,除了颞骨岩部出血,还有一个不可或缺的重要指标——口鼻处是否冒出大量白色泡沫状液体。人溺水后,吸到肺中的水与空气结合,在呼吸作用下,会形成细小均匀的白色泡沫状液体。这些泡沫状液体原本是被水分稀释的体液,膨胀之后迅速破碎,不断形成更小的泡沫,最终从尸体口鼻处流出,乍一看像脱水海绵、奶油一样,泡粒极其细小,这也是溺死特有的生活反应。反之,如果泡粒较大(大于红豆的尺寸),即证明并非淹死。

因此,不能只看到死者口吐泡沫就断定溺死,还需要确定泡沫的大小,只要不是细小的白色泡沫,就很难说是溺水而亡。

溺死	疾病发作或人工呼吸
像脱水海绵、奶油一样,泡粒极其细小	泡粒较大,大于红豆的尺寸

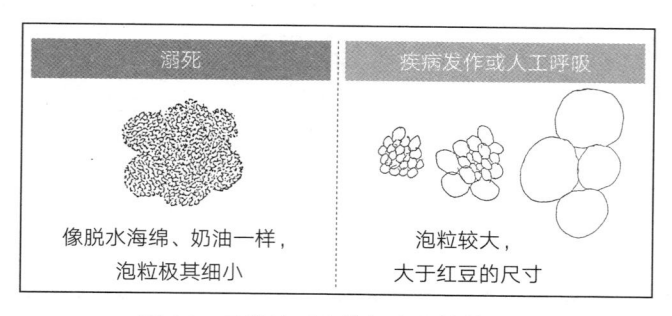

图 11　口鼻处呼出的气泡颗粒的区别

泡澡时溺死

近年来，有越来越多的人在泡澡时不幸溺死。如果死者生前办理了人身意外保险，而且事件本身被认定为意外事故的话，其受益人就能得到一笔巨额赔偿金。但保险公司多以"因旧疾发作溺水而亡不属于人身意外险的赔付范围"为由拒绝赔付，双方经常对簿公堂。因此，保险公司也经常请我帮忙验尸。

我认为，作为一名法医，即使接受了保险公司的请求，也绝不能作出刻意偏袒雇主的判断，只能从法医学的角度公正严明地调查死者的死因。如果无法做到这一点，就无法成为一名真正的法医。

言归正传。在这种纠纷当中，死者家属一般认为，泡澡时，体温骤变、血压变化、心跳加速、水压的影响等客观因素所导致的头晕目眩、意识模糊、呛水等症状是外因主导的意外事件，保险公司应当理赔。

关于这个问题，首先我们要认识到，任何人在洗浴泡澡过程中都有可能发生死者家属提到的情况，但实际上真正在浴池里被水淹死的情况极为罕见。其次，这些症状属于功能性病变，而非器质性病变，不会给器官或组织系统造成永久性损害，即使解剖尸体也无法确认死因。家属提到的症状多属于暂时的轻症，比如在浴池内呛水或感到呼吸异常时，都能够马上清醒，即使是呼吸困难，也可以马上起身抓住浴池的边缘，采取一定的自我保护措施，基本上不会溺水。这与深水溺死不是同一情况。

在洗浴过程中死亡只能解释为因突发疾病（如血虚型心力衰竭、心肌梗死、突发性脑出血、蛛网膜下腔出血等）导致人失去求生意识，身体沉入浴池而无法感知，更无法采取任何自我保护措施，最终溺水而亡。但这更不能与深水溺死相提并论。

也就是说，浴池溺死的原因并非单纯的外因，而是疾病突发后意识的消失。

有些死者家属还会坚持认为：如果死者没在水中，而在浴池外的话就不会死了，这就是一场意外。所以在浴池中溺死就是事故死，不是病死，保险公司理应赔偿。这种观点显然是错误的。因为每个人都应该对自己的过去负责，死者身体不佳却单独入浴这一前提是不容更改的，在假设之上讨论生死自然没有意义。我们的判断必须基于已经发生的事实。

当然，评判保险公司是否需要支付赔偿，不能只看我们法医的解释，也有些泡澡溺死的案例被认定为意外事故。

难以举证的过劳死

20世纪七八十年代，随着日本经济高速发展，过劳死这一现象也逐渐蔓延。所谓"过劳死"，就是指由于长时间加班工作导致过度疲劳而猝然死亡，一般作为非正常死亡来处理，实施行政解剖，死因多为心肌梗死。

曾经，一位过劳死员工的遗孀带着孩子向我哭诉道，自己的丈夫连续加班工作五个月没有休息，累死在自己的岗位上。本以为能够从公司那里拿到劳动灾害补偿，但被告知没有外伤就不属于事故死亡，病死的情况不在赔偿范围之内。

为此，不少过劳死员工的家属向我这个法医寻求帮助。如果符合劳动灾害补偿条件的话，他们就可以拿到相当于1000天日薪的补偿。

"十分理解您现在的心情，意见书我已经替您写好了，把这个和您丈夫生前的勤务表一起交到劳动基准监督署吧。"

当时我以这种方式去帮助他们。现在想想，我大概写过40多份意见书。

解剖过劳死尸体后我发现，死者的动脉和冠状动脉（供给心脏营养的血管系统）基本上都出现了中等程度的硬化，心肌梗死虽然没有恶化到随时发作的地步，但身体的过度劳累提前诱发了各种病症。"过劳"属于功能性病变，即使解剖尸体，也不会像器质性病变那样能找到器官组织的明显异常，所以一般难以举证。

我原以为，死者生前的勤务表所反映出的过劳状态可以作为申请劳动灾害补偿的证明，但死者依旧被认作病死，所写的意见书也统统被驳回了，最终家属还是没能领到补偿金。

其实作为一名法医，替受害者家属写意见书是我的分外之事，所以我只能以个人名义去帮助他们。而写这种希望渺茫的意见书的法医也只有我一个人，我感到万分遗憾。直到1990年，也就是我退休后的第二年，我从报纸上看到了病死也被划入劳动灾害赔偿范围的消息，心中不胜欢喜，仿佛也感受到了死者家属的欣慰。星星之火终于燎原。

第十一讲 溺死篇 其二：水中尸体不一定都是溺死

河中惊现一具腐烂浮尸，死者衣着正常，气管与肺部支气管内检测出沙粒。乍看之下像是溺水身亡，但总让人觉得事情没那么简单。

即使不去检查颞骨岩部是否出血，法医的智慧也能查清真相。

尸体浮起与尸体下沉

通常情况下，人溺水后，水呛入气管进入肺部，挤掉了其中的空气，使得身体无法在水中浮起，最终被水淹没。但其实有些溺死，死者只是吸入了少量冷水，或是肺部没有被水完全灌满。此时，死者肺部还留有足够多的空气，尸体不仅不会下沉还会浮起。

尸体上浮还有一种情况。下沉尸体腐烂后产生腐败气体，以全身膨胀变形的巨人观样态浮出水面。

若他杀后抛尸水中，尸体也不会下沉，因此不少凶手抛尸前会给尸体加上重物。但即便如此，尸体腐烂后还是会浮出水面。也许有人好奇，究竟加上多少重物尸体才不会上浮呢？在这里我不能给出一个明确的答案，不同的体重有不同的情况，总之需要相当多的重物。由此我们也可以反推，一人无法完成负重抛尸，很可能是多人作案。

螺旋桨创伤

在隅田川、荒川、江户川、多摩川等河流自杀的尸体都会顺流而下进入东京湾，所以在东京湾经常能看到浮尸。遇到这种情况，必须判断尸体的溺死地点是在河里还是在海里。区别淡水溺死和海水溺死，只需调查血液中的盐分浓度或体内浮游生物的种类，再确定死亡地点即可。

有时水中尸体的头部会出现较大面积的割伤或砍伤，

甚至被切断了一条胳膊，以及其他疑似他杀的痕迹。其中大部分是腐烂上浮的尸体被卷入附近船只的螺旋桨中才出现的伤口，又被专门称作"螺旋桨创伤"。不知道的人可能会吓一跳，其实只要没有生活反应，就属于死后伤。

最后再补充一点。溺水尸体的手掌和脚掌上形成的漂母皮不属于溺死的生活反应。日常生活中，长时间从事洗刷工作后，手掌会变得皱巴巴的，形成了漂母皮。但这是长期在水中浸泡的证据，死后被抛尸水中的尸体也会出现。所以漂母皮并不能证明死者是溺水而亡。

有人说，法医学是一门杂学。但就是这门杂学往往能够解决一些大问题。

衣着正常的腐烂浮尸

我当上医生后没过多久，还没来得及积攒临床经验，就被送到大学要求学习法医学。从事了四年法医学基础研究取得了博士学位后，被调往东京开始我的法医生涯。这个岗位可谓是法医学的实践现场，每天与警方一起处理东京都发生的各种非正常死亡事件（当时平均每天20~30起），要么执行尸检，要么执行解剖。由于溺死事件较多，所以我对这方面的研究也算颇有成果。

有一次，某县搜查一科的一位干部亲自带着资料向我咨询一些问题。几年前他们县里一座水库中浮现一具男性尸体。由于尸体高度腐烂身份不明，便执行了司法解剖。几天后，死者身份被查清，并在其住处找到了一封遗书。解剖结果显示，尸体高度腐烂，肺部有溺水痕迹，颞骨岩部未见出血，当时被判断为跳水自杀。但几年后，该案件被怀疑为杀人事件，警方重新展开了调查。

"这是大学专家的解剖结果，我没必要看完资料再发表意见吧？"

"瞧您说的，溺死研究方面您是专家，专家的意见我洗耳恭听。"

被恭维到这个份儿上，我不好拒绝只得看起了资料。首先是一张尸体发现地的照片：死者高度腐烂，身穿工作服，满身浮埃，脸朝下漂在水里。

"这个人从上游漂过来大概有多远？"

"如果从他家算起的话，20千米以上。"

"这就很奇怪了。"

听了警方的回答，我心中多了几分疑虑。因为从上游漂20多千米的话，河水早就挤走了死者肺里的空气，尸体浮力下降应该会沉到河底。一般在这种情况下，尸体在河底来回翻滚，并在冲往下游几千米的过程中，身上的衣服逐渐脱落，直至一丝不挂。随后，一丝不挂的尸体会像百米赛跑的起跑姿势那样匍匐着身子在河底流动，其额头、手背、膝盖、脚背等部位会被河底的沙石擦伤，只需漂流几千米，就能皮开肉绽露出白骨，形成没有生活反应的死后伤（参照图12）。不久，尸体逐渐腐烂，腐败气体充满全身形成巨人观，浮出水面，最终漂到下游。

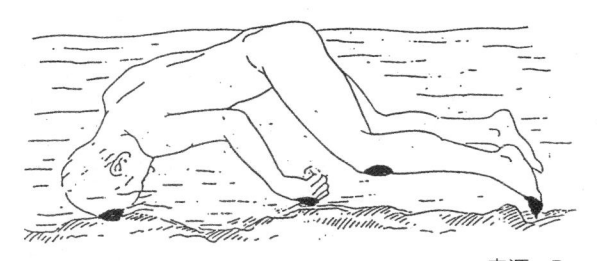

来源：Ponsold。

图 12　溺死后尸体在水底的姿势
涂黑部位表示摩擦后已经皮开肉绽

一般溺水而死的尸体会经历上述过程。但此次案件的尸体漂流了20多千米仍旧衣着正常，而且浑身上下没有与河底摩擦形成的死后伤。

"从尸体状况上来看，我觉得这不是溺死。"

听了我的观点，警察着急地问道：

"哎？能说说您的理由吗？"

"这具尸体衣着正常，没有死后伤，说明他一直没有沉到水底，是一路漂过来的。也就是说，这是一场死后抛尸案。"

"原来如此，既然不是溺死，那尸体肺里就一直留有空气不会沉下去，所以就能一路漂过来啊。受教了！"

警察连连道谢之后马上回去了。不久，我向事发县警提交了二次鉴定书。最终，如我推测的那样，事件得到了解决。又是一起保险金诈骗案，而那份遗书也是凶手伪造的。

几十年来，对溺死案件的勤恳研究能够帮助警方侦破案件，我感到由衷的喜悦与自豪。

愚蠢的犯罪

抛尸入水后尸体不会下沉，这大概已经不是秘密了吧。因为每次发现的水中弃尸基本上都被加上了各种各样的重物。至于说为什么不会下沉，因为人的肺部含有空气，能像浮袋一样使人浮起。另外，加上重物后的尸体即使一开始能沉下去，但尸体腐烂膨胀呈现巨人观状态后，还会带着重物一同浮起。那么究竟加上多少重量才能一直沉下去呢？很遗憾，这一点笔者无可奉告，但可以给读者几例参考。

有一起案件中，凶手为了弃尸水中，给大人加了6千克重物，给孩子加了4千克。结果几天后，尸体腐烂膨胀，带着重物一并浮出水面，凶手罪行败露。

另外一起案件，一个中年妇女杀了自己的丈夫。事后，她给丈夫加了三个装满水的5升塑料瓶，相当于15千克的重物。趁着深夜，她把丈夫弃尸湖中。结果可想而知。

还有一起案件，在东京湾停泊的某条船上，两位船员吵架，其中一个把另一个杀了。当时恰好有一台准备丢弃的电冰箱，凶手便把尸体捆在电冰箱上，趁着月黑风高扔到了海里。结果如何，毫无疑问。

装满水的塑料瓶虽然拿在手上很重，但里面的水和湖水的密度是一样的，基本不会下沉。电冰箱虽然很重，却是空心的，关上门之后也可能不会下沉，所以第二天，就有一具背着电冰箱的男尸浮出海面了。听上去也许像个笑话，但这些愚蠢的犯罪都确有其事。

气管内吸入沙粒的溺尸

一对新婚夫妇去澳大利亚凯恩斯市度蜜月。丈夫56岁,妻子28岁。某天傍晚,海上风平浪静,游泳的人不多,这对夫妇在齐腰深的浅滩嬉戏,可不知怎么回事,妻子忽然消失了。不久,丈夫发现已深入水底的妻子,随即把她救到岸上,一边做人工呼吸,一边向周围求助。赶过来的人们轮番施救,最终还是没能把她救活。当地医生解剖后判断,死者是在游泳时不幸溺死的。

蹊跷的是,死者生前在数家保险公司购买了能获得大额赔偿的旅游灾害事故险;而死者丈夫回国后,就立刻带着澳大利亚医生出具的死亡诊断书,要求这些保险公司赔偿。

其中一家保险公司给我打了电话,想询问一下我的意见。

"既然案发地的医生已经解剖,断定尸体是溺死,我也没有插嘴的余地。"

"我这里有一些简单的解剖记录,您方便看一下吗?"

两天后,保险公司负责人及其代理律师登门拜访,带了两张附有日语翻译的解剖记录。

记录中显示，尸体的气管及肺部支气管内含有沙粒，大约有20克。我眉头一皱又接着读下去，肺部含有海水，有明显溺死痕迹，但颅骨底部的颞骨岩部是否出血并没有记录。的确有不少医生只解剖过病死尸体，没有接触过溺水尸体，不知道从颞骨岩部出血可以判断溺死，这一点情有可原。能如实地记录尸体情况就已经发挥很大作用了。

从我的经验来看，很少有溺死尸体气管内吸入沙粒，即使有，能考虑到的情况也不多。因为浅滩溺死时，死者生前吸入的是水面附近的海水，而较重的沙粒不可能浮到水面附近。将沙粒吸入气管，只能把溺水者的头按在浅滩水底。毫无疑问，这绝不是溺死，属于他杀。

我把这些推测写成意见书后提交了上去。保险公司把我的鉴定结果告诉死者丈夫后，他立马消失得无影无踪，最终没有接受警方的问讯。

由于事发国外，日本警察自然无法插手，案件便一直没有进展。法律上虽然可以理解，但放任犯罪嫌疑人逍遥法外实在令人愤慨。

回想起来，原本作为一名医生的我，在大学学习法医学之后转行成为一名法医，从研究溺水尸体开始，经历了各种各样的难题,与警察一同为维护社会秩序贡献了微薄之力。虽不能治病救人,但我自始至终聆听逝者的无声之言,尽力维护他们的人权。

一直坚守在自己热爱的岗位上,我觉得自己此生无悔。

第十一讲 外伤篇 其一：锐器刺死是弱者的犯罪？

"锐器刺死和殴打致死都是很残忍的犯罪方式"，不少人如此认为并谈之色变。但人们想象中的怨气冲天、杀气十足的凶手往往是手无缚鸡之力的弱者，因为无法从外伤的数量来判断凶手是否残暴。

"伤"与"创"

我将外伤分为"伤"与"创"两种。为了更清楚地说明两者之间的区别，请看图13。皮肤分为两层，一层是表皮，一层是真皮。

表皮只负责保护身体表面，既无血管，又无神经，所以受伤后不会有痛感也不会出血，比如皮肤晒伤脱皮就属于这种情况。这种只发生在表皮且导致表皮脱落的外伤就被称为"伤"。

表皮之下的真皮布满了血管与神经，一旦受到锐器或钝器等的攻击，就会伤及真皮而疼痛出血，如割伤、捅伤、挫伤等情况，因此真皮受伤被称为"创"。

另外，指甲和毛发都是由角质层进化形成的一种人体组织，性状相同，无血管和神经。毛发每天约增长0.3毫

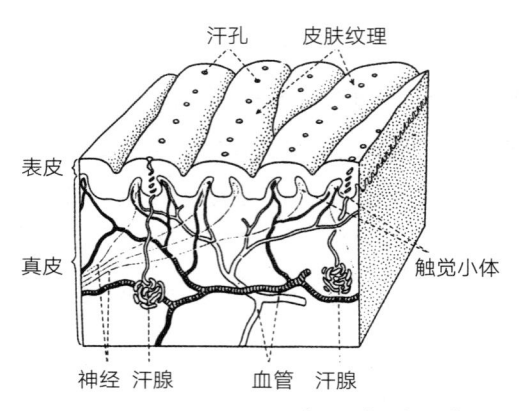

来源：藤田恒夫《人体解剖学入门》。

图 13　皮肤的构造

米，头发每天自然脱落50根左右。在案发现场，提取并调查毛发中含有的基因对侦破案件有巨大的帮助。

锐器造成的外伤

1. 割伤

水果刀、菜刀等尖锐物划开且深入皮肤，一般伤口的长度大于深度，这种情况下大多会切断皮下浅层毛细血管和静脉，很少直至皮下深层切断动脉，因此难以形成致命伤。由于静脉中血压较低，受伤后不会出现血液飞溅等现象；如果伤及血压较高动脉，血液会飞溅数米之远。

但较粗的静脉血管被切开后，伤口呈开放状态，又因为静脉血管与心脏相通，所以伤口处会有空气被吸收。这些空气进入大脑后，有时会堵住较细的血管，导致脑血管空气栓塞，伤者在短时间内死亡。

出现割伤情况后，建议立即按住伤口，一是为了防止空气进入静脉，二是为了止血，血液凝固后就不再外流。这些知识能够帮助我们保护自己。

2. 刺伤

水果刀、日式菜刀、锥子等一端尖锐的物体刺穿皮肤后留下的伤口被称为"刺伤"。刺伤看起来就是皮肤上的一个小洞，而且血流得也很少，但伤口通常较深，有时会伤及重要脏器，危及生命。

从伤洞处可以推测凶器。一般，刀具刺入时的伤口与拔出时的伤口，刀背一侧呈半方框形状（参照图14），基

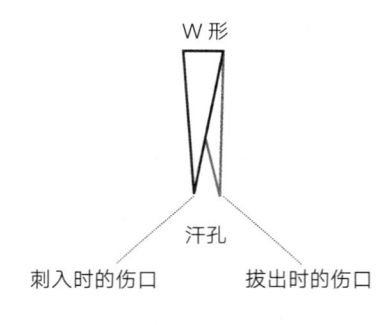

```
        W形
```
刺入时的伤口　　拔出时的伤口　（汗孔）

图14　刀具刺入与刀具拔出时的伤口

本无变化。但是，凶手和受害者动作幅度较大时，刀尖角度会发生变化，刀刃一侧的角度也会在刺入前和拔出后发生变化，这经常导致伤口呈W形。

3. 砍伤

柴刀、斧头等沉重且带有长柄的尖锐物被快速挥动给予皮肤的损伤，被称作砍伤。砍杀一般伤口大开，外力作用下会划伤骨头，甚至导致骨折。

锐器刺杀事件

我在第六讲论述过,死于锐器的尸体一般伤口众多,因此多被媒体描述为"惨无人道的犯罪"。这虽然是一种便于理解的形容,但从我们法医的立场上来看,案件背后真相与常人的想象截然不同。

刺伤一般分为有生活反应的刺伤和无生活反应的刺伤。我们分开观察后,马上就能知道真相。比如在某案件中,妻子趁丈夫酒醉熟睡时,用水果刀对其头部连刺三刀。尽管第一刀就切开了丈夫的颈静脉造成了致命伤,但妻子不知,生怕丈夫起身反击,恐惧之下对已经毫无还手之力的丈夫乱捅一通。她相信只有这样才能杀死丈夫。

由此来看,有生活反应的伤口其实只有最初的三刀,其后数刀造成的伤口,生活反应已经微弱,剩下的一大半伤口已经没有生活反应,是对尸体的无用创伤。如此,通过观察有无生活反应,不仅可以知道凶手的攻击顺序,还能从中看出凶手的特点。

锐器刺死看似惨无人道,但并不能说明犯罪嫌疑人本身心狠手辣,反而透露出弱势群体行凶时的自保心理。这与犬类吼叫震慑对方是一个道理。

钝器造成的外伤

1. 表皮脱落（擦伤）

未伤及真皮，只造成表皮脱落的外伤被称为擦伤。表皮内无血管和神经，除非特别严重的情况，一般没有痛感和出血。

2. 皮下出血

在钝器的撞击作用下，表皮和真皮损伤较小，但皮下的毛细血管破裂会引发皮下出血。受伤处最初呈现淡蓝色或红褐色，大概一周后转为淡黄色，两周后被身体彻底修复，出血痕迹消失。

3. 心脏震荡

某小学六年级男孩在棒球比赛中，左前胸受到棒球撞击，随后向着指定位置跑去，大概跑了十米后倒下，心肺功能停止。人们立即使用自动体外电击机对其心脏进行电击除颤，不久，男孩心肺功能恢复，在接受入院治疗后彻底恢复。

男孩所遇到的情况就是心脏震荡——心脏部位遭受猛击后，出现暂时性痉挛、心跳停止的情况。没有及时施救的话，极易导致猝死。

4. 挤压综合征

重物长期挤压下，皮下出血和筋膜出血严重且蔓延后，身体会产生一种肌红蛋白。这种物质会被血管迅速吸收，引起全身的病变，如积攒在肾脏的下位输尿管引发肾脏过滤功能下降，导致无法排尿，若未及时医治，10天左右就能致人死亡。这一系列病情被称作"挤压综合征"。

挤压综合征多发生为于房屋倒塌、地震、交通事故等意外伤害中。不少伤者被压在重物下，因挤压综合征无法排尿，10天左右死亡。

5. 挫伤

受到重物撞击后，皮肤开裂，伤口较小且边缘形状不完整，血液积聚于局部组织内形成皮下血肿，常见于棒球比赛中。

殴打致死事件

殴打致死与锐器刺死类似。

曾经，一个经常被欺负的孩子忍无可忍，用金属棒从背后击打欺负他的人的头部，对方当场倒下。事后调查发现，死者头皮被割伤，头骨开裂，最终死于脑挫伤。

其实，杀人的孩子害怕对方身强体壮，万一起身反抗自己一定不是其对手，所以就算对方已经倒下他也没有停止攻击，只有这样才能战胜恐惧。这也是出于自保的心理，并不是说这个孩子心狠手辣。真正的凶狠，比如黑社会之间的打斗，往往都是力求瞄准要害，一击毙命。所以我再次强调，不能以伤口的数量较多去断定凶手性格残忍。

6. 撕裂伤·防御伤·试探伤

皮肤因过度牵引或伸展发生撕裂的伤口被称为撕裂伤。

受害者遭遇凶手袭击时，采取防御姿势，用胳膊和手部阻挡攻击而产生的损伤被称为防御伤，通过防御伤可以推测凶手的犯罪过程。

试探伤多见于用刀具试图自杀的人身上。因犹豫是否疼痛、出血而尝试切割自己的颈部或腕部，一般被视为自杀的特征之一。自杀失败的人身上也会出现试探伤。

第十三讲 外伤篇 其二：高空坠落自杀是脚先着地吗？

从高空坠落对身体伤害极大。一般分为自杀、他杀和意外事故三种情况，死者的落地姿势以及受损伤的部位各有不同。我们可以通过调查死者落地时的受伤情况，来还原案情的真相。

碎尸案

昭和时期，碎尸案还鲜有耳闻。

平成六年（1994年）3月，日本福冈的各个高速公路闸口的垃圾桶里陆续发现了30多个装有部分碎尸块儿的塑料袋，在当时引起一阵轰动。

那个年代综艺节目盛行，各个电视台从早到晚想请我去当解说员，尤其是犯罪推理类为主的节目。有一次，节目里恰好说到福冈的碎尸案件，其他解说员都认为，只有心理不正常的人才能做出如此惨绝人寰的行为。轮到我发表意见时，我根据几十年的法医经验，将犯罪嫌疑人的行为分析了一番。

杀了人之后，如果把尸体藏在家里，两三天后尸体会腐烂，很快就会被发现。犯罪嫌疑人既然杀人藏尸，自然不希望因事情败露而被捕。出于保护自己的目的，他们必须避人耳目将尸体丢掉，但尸体很重，搬出去又会被人发现。在过去，曾经有人掀开榻榻米把尸体藏在地板下。但如今，现代化都市的建筑早已没有这些藏匿之处，为了方便搬运，只能将尸体尽量切碎。

当时，节目上还没有人从这个角度去说明碎尸案。于是就有人提问道：

"一个女人也能单独完成这种犯罪吗？"

"毕竟是犯罪，既没人商量，又没人帮忙，只能一个人去做。就和遇到火灾拼命逃跑一样，逼着自己做完。犯罪嫌疑人当中反倒有不少女性。"

我讲解完后，刚回到了后台休息室，制作人就飞奔过来对我说：

"刚才全国各地给我们电视台打了好多电话，都是来找您的。"

"什么！不会是我说了什么不该说的话了吧？他们打电话是来指责我的？"

"这倒不是。"

…………

原来，节目的播出时间是中午，一大半的电话都是家庭主妇打来的。她们觉得我的观点新颖、简单、易懂，希望电视台让我明天继续讲解。我惊讶之余也不禁反思，教科书上的知识和实际经验其实是有很大差距的。

节目播出10天后，犯罪嫌疑人落网，果然和我推理的一样，是一名女性。近年来，碎尸案件屡发不止，但其实大多数情况下并不是因为凶手残忍或者心理不正常，而只是为了方便搬运尸体而已。

下山事件

说到火车碾断事件，最广为人知的莫过于发生在昭和二十四年（1949年）7月6日的日本国有铁道公司下山总裁被杀案。

那一天凌晨，有人在常磐线绫濑站附近发现一具尸体。因为这一带是有名的"自杀圣地"，所以一开始就被认为是跳轨自杀。当时天降暴雨，甚至形成了浓密的雨雾，值班的法医连夜冒雨前往现场。

尸检后发现，死者全身肌肉多处受损，小腿、胳膊和头部不知所终，法医从上衣口袋里翻出了名片盒和钱包。名片上写着：

日本国有铁道公司 总裁 下山定则

那时的日本正处于战后秩序混乱的时期，由于战败，很多来自朝鲜、中国东北地区和台湾、库页岛南部的铁路员工被遣返。国铁被迫裁员，引起了工会方面大规模的抗议斗争，国内陷入一片混乱。就在下山总裁左右为难、疲于应付之际发生了这起事件。从社会背景来看，不管是自杀还是他杀，都有充分的理由。

言归正传，法医验尸后初步判断为自杀，但警方又委托大学进行了司法解剖。结果显示，尸体被碾断部位无出血等生活反应，现场血迹较少，于是被断定为死后碾断。也就是说，下山总裁有可能是被人在别处杀害之后，尸体被放在轨道上伪造成跳轨自杀。

但另一所大学认为，像碾死之类的瞬间性死亡，没有生活反应或出血量较少都是正常现象，而且当时大雨倾盆，血液几乎都被雨水冲走，因此很难断言就一定是死后碾断。两种观点一出，又在日本引起一阵轰动。两所大学的观点都缺乏决定性证据，加之当时又没有DNA检测等先进手段，所以一直无法查清真相。时值美军占领时期，第二年朝鲜战争爆发，美军最终以自杀定论。时至今日，这起悬案成为众多文学影视作品的题材。

最近，在东京都发生的跳轨自杀案件有增无减，没有一起是死后碾压。

高空坠落

高空坠落一般分为意外事故、自杀、他杀三种情况。从死者落地后的受伤情况，可从一定程度上对这三者进行区分。

1. 意外事故

多发生在工地现场，死者不慎从高处落下致死。详细来说，一般死者生前在高处作业时，上半身探出高空，调整时不能及时将身体收回而失去平衡,最终坠落致死。坠落时大多头部朝下,双脚最后离开高台,所以整个人呈倒立姿势落下,头部先着地(参照图15)。

自杀　　　　　他杀　　　　意外事故

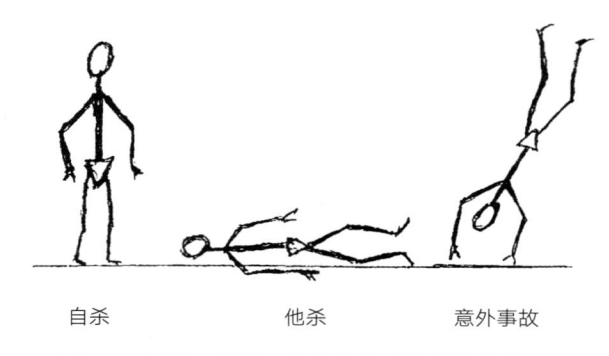

图15　自杀、他杀、意外事故时的坠落姿势

也有单腿先着地的情况。总之,仔细观察死者落地后的外伤及骨折情况,就可以反推死者从高处坠落时的姿势。

2. 自杀

自杀者双脚并列从高处跳下,几乎以立正姿势着地。为了确保死亡,自杀者几乎不会选择从低层(如3米高的2楼)跳下,所以自杀现场至少在五楼以上。另外,大部分自杀者会选择背靠建筑物跳下,也有恐高的人面向建筑物背向高空,以这样的形式跳楼自杀。

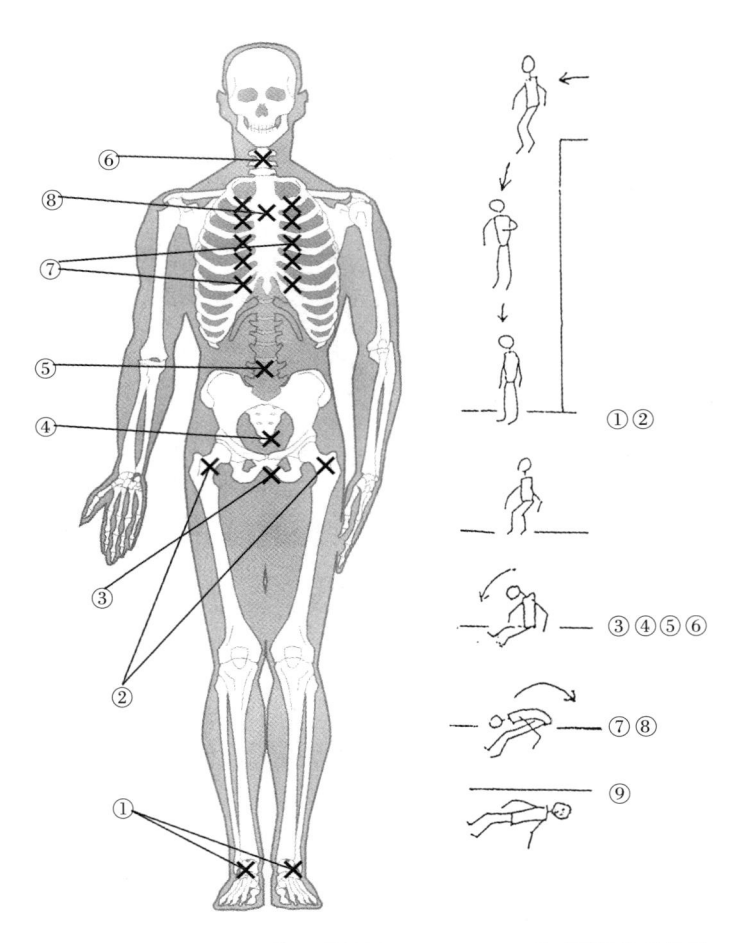

① 脚骨骨折
② 股骨颈骨折
③ 骨盆骨折
④ 尾骨骨折
⑤ 腰椎骨折
⑥ 颈椎骨折（颈髓损伤）
⑦ 多发性肋骨骨折
⑧ 胸骨骨折
⑨ 仰卧位姿势

图 16 典型的高空坠落自杀造成的损伤及其过程

最典型的跳楼自杀如图16所示，下降着地时身体几乎垂直。最先造成①脚骨骨折和②股骨颈骨折，继而臀部着地，造成③骨盆骨折、④尾骨骨折、⑤腰椎骨折；同时，较重的头部向身体前方严重弯曲，造成⑥颈椎骨折（颈髓损伤），紧接着上半身也向前方严重弯曲，胸部猛烈撞击大腿正面，由此引发⑦多发性肋骨骨折和⑧胸骨骨折；随后下一个瞬间，紧贴腿部的上半身因为反作用力又向身后弹去，最终形成⑨仰卧位姿势。到此，着地过程结束。

因为极少有人完整目睹这种短暂的落地过程，所以多发性肋骨骨折往往会被划到坠落外伤以外，甚至由此怀疑案件会不会是杀人事件。其实，胸部的骨折在跳楼自杀的尸体上十分常见，有人用假人实验证明了这一点。我们甚至可以认为，多发性肋骨骨折是跳楼自杀的典型损伤。

3. 他杀

一般为了防止高空坠落，建筑物的高处会设有到达成年人胸部高度的墙壁或栏杆，因此使一个人从高处坠落并不是一件易事。大部分情况下，凶手会先使受害者失去反抗能力（醉酒、昏睡等）之后再动手，并把案发现场伪造成自杀。

但想要使失去行动能力的受害者越过栏杆，基本上必须横放他的身体。即使让他双脚先着地，也会因为意识不清或肌肉松弛而无法形成跳楼自杀特有的损伤。

4. 周边性出血

高空坠落时，如果下肢重重地摔在平坦且坚硬的混凝土地面，大腿骨或小腿骨背面会受到强烈冲击，毛细血管中的血液会被挤压到血压较小的腿骨周边，使被挤压部位十分苍白。

血液被挤压到腿骨周边后，会引发皮下出血，皮肤出现红褐色，使腿骨轮廓出现。这就是周边性出血（参照图17）。

注意，擦伤情况下，有明显的表皮脱落，切不能将周边性出血与擦伤混淆。

从高空坠落时，
下肢重重地摔在混凝土地面会导致此伤

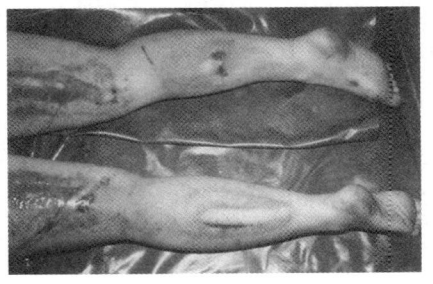

图 17　周边性出血

第十四讲 外伤篇 其三：头部受到冲击的真正可怕之处

一般头部受到外力的强烈冲击后，受伤部位会出现脑挫伤。如果是在跌倒、高空坠落等加速移动中头部受伤的话，有时受到冲击部位的另一侧会出现脑挫伤症状。这一点必须解剖后才能查清。

头部损伤

一、脑震荡

脑震荡是指头部遭受外力打击后，出现短暂的昏迷、恶心呕吐、头晕头痛等功能性障碍，无脑挫伤等明显器质性变化。

一般脑震荡发生后,患者的脑组织受到损伤,非常容易出现颅内压升高的症状,从而引发上述几种症状。即使恢复后,也应及时复查,明确诊断,及时治疗。

二、颅骨骨折

颅骨骨折的类型多种多样,笔者将其分为以下几种情况。

1. 裂纹骨折(骨裂)

裂纹骨折又被称作骨裂,顾名思义,骨骼受伤部位如瓷器上的裂痕一样,常伴有不同程度的软组织破坏。

2. 头盖骨骨折

头颅的上半部分是一个安全帽的形状,一般被称作头盖骨,由四块头骨相互交错紧密拼合而成。这种拼接在外力作用下变得松弛,就会引起头盖骨骨折。

3. 凹陷骨折

颅骨受伤后骨板凹陷,但骨折部位没有完全裂开的状况被称为凹陷骨折。

4. 粉碎性骨折

颅骨在受到较大的暴力作用或重复打击后严重崩裂,通常伴随脑挫伤、脑出血等症状。

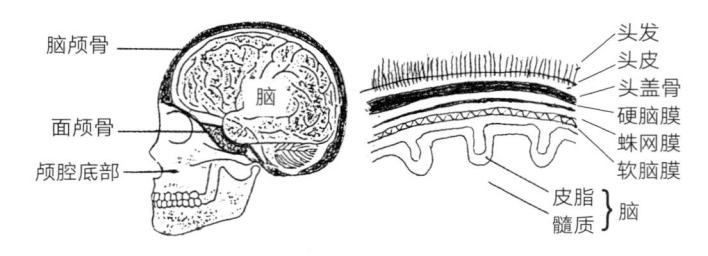

图 18　颅骨与大脑（左）以及头部断面的构造（右）

5. 颅底骨折

颅骨由容纳大脑的脑颅骨和形成脸部的面颅骨这两部分组成。上下划分这两部分的颅骨部位就被称作颅腔底部，简称颅底（参照图19），颅底上方即为大脑。

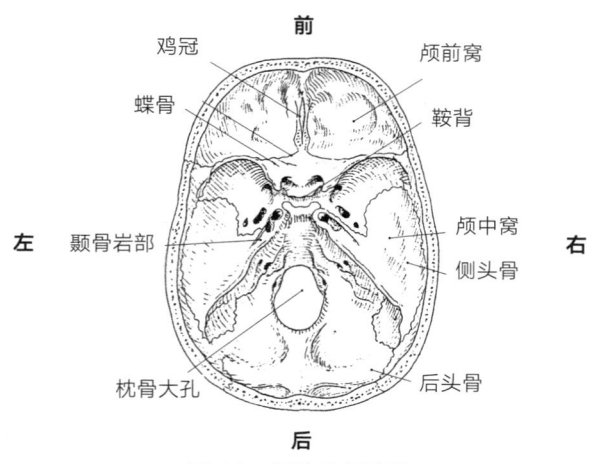

图 19　颅腔底部构造

颅底骨折并不是外力直接作用在颅底。一般眼窝上方的头骨较薄，受到外力冲击后，球状的颅骨容易变形，导致颅底几处薄弱的区域发生线性骨折，即为颅底骨折。

颅底骨折通常伴随脑挫伤，严重时引发致命性鼻出血和耳出血。此时意识不清的受伤者如果被人仰卧放置的话，颅底骨折处流出的血液有可能被吸入气管，引发气管堵塞而危及生命。所以必须将受伤者的身体侧放才能将血液排除。

颅底骨折有时还会导致眼眶四周出现皮下淤血、青紫和肿胀，形成一圈淤血斑。这实际上是脑挫伤的症状，颅底骨折后出血，沿着骨折缝渗入到眼眶四周的皮下疏松组织内，导致眼眶四周出现皮下淤血，因形似熊猫的眼睛，从而得名"熊猫眼"。这与眼窝部位直接受到外力后出现的皮下出血不同，必须仔细区分。

三、脑挫伤及硬膜外出血、硬膜下出血

1. 脑挫伤

一种常见的脑损伤，主要因脑组织在外力作用后在颅内移动，其表面与颅骨内面或颅底碰撞、摩擦而形成，有时会波及蛛网膜下腔，导致蛛网膜下腔出血。

2. 硬膜外出血

多见于直接暴力打击，作用于颅骨，常常导致颞骨骨折，造成颞骨下方脑膜中的动脉破裂出血，这样的话就容易形成硬膜外血肿。如果血肿较大，则需要手术治疗。

3. 硬膜下出血

颅骨从外向里，最表面是头皮，再往下是颅骨，颅骨再向下就是硬脑膜，硬脑膜下面就是脑组织。硬脑膜下出血就是指发生在脑组织和硬脑膜之间的出血，引起硬脑膜下出血最常见的原因是外伤，更多见于脑挫裂伤处的皮层动脉或静脉破裂。

硬膜外出血与硬膜下出血都会在颅内形成血肿，一旦血肿增大就会压迫大脑，最后出现颅内高压和脑疝症状，临床表现为逐渐加重的头痛、恶心、呕吐、视力下降等（参照表6）。当头部受到的外力过大时，可能同时出现硬膜外出血和硬膜内出血。

表6 颅内血肿（硬膜外出血与硬膜下出血）的量与时间

症状	血肿量（克）	受伤后血肿淤积时间（小时）	血肿种类
中间清醒期	50	1~2	硬膜外血肿 硬膜下血肿
昏迷状态	70~80	4~5	硬膜外血肿 硬膜下血肿

续表

症状	血肿量（克）	受伤后血肿淤积时间（小时）	血肿种类
生命垂危	150~200	6	硬膜下血肿
		12	硬膜下血肿

4. 中间清醒期

一般受伤后，硬膜外出血达50毫升需要1~2小时，这期间伤者能够正常活动，一般被称作"中间清醒期"。有时伤者还会离开事发现场，最终在人群中倒下，并再次昏迷。

四、对侧伤

头部在能够自由活动的情况下受到外力作用会集中引发皮下出血、颅骨骨折、脑挫伤等症状。但在跌倒、高空坠落等加速移动中头部受伤的话，有时受到冲击部位的另一侧会出现脑挫伤症状。这种情况被称为"对侧伤"（参照图20）。

假设有人在路上跌倒，后脑勺受到强烈撞击，那么撞击部位可能会出现①皮下出血和②颅骨骨折，同时颅腔内形成③硬膜外出血或④硬膜下出血。但紧接着，漂浮在脑脊髓液中的大脑因为惯性移动会撞到颅骨内壁，导致⑤脑挫伤，进而引发蛛网膜下腔出血。

这就是对侧伤的形成过程。对侧伤也是跌倒、坠落等事故的典型伤害，但需要与单纯的殴打外伤作出区分。

摔倒后出现的损伤
① 皮下出血
② 颅骨骨折
③ 硬膜外出血
④ 硬膜下出血

受伤部位的另一侧出现脑挫伤（对侧伤）
⑤ 脑挫伤（蛛网膜下腔出血）
大脑
硬脑膜
颅骨
头皮
路面

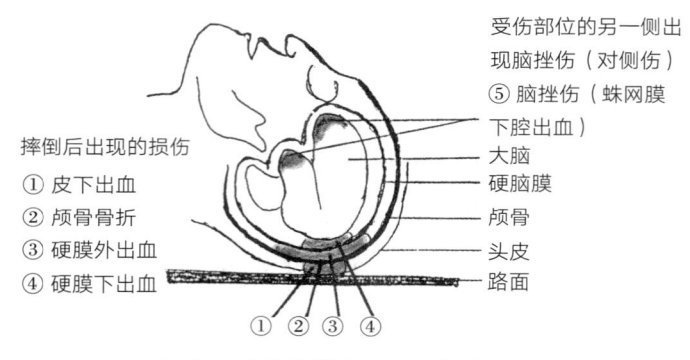

图20　受伤部位的另一侧出现对侧伤

谜底虽已揭开……

下班后，男子和同事一起去小酒馆，直到晚上9点才起身回家。刚出店门不久，就在嘈杂的人群里被撞倒摔了一跤。

"疼死了！"

男子一边叫疼一边从地上站起，撞他的人已消失得无影无踪。与同事道别后，男子带着几分醉意坐上电车，到家的时候已经10点多了。

"你又喝这么多酒呀。床我早就铺好了，赶快睡吧。"

看着步履蹒跚、满身酒气的丈夫，妻子无奈地说道。

到了第二天上班时间，丈夫呼呼大睡没有起床。妻子觉得奇怪，便叫了救护车送他去了医院。临近中午，一直没能醒来的丈夫就这样撒手人寰了。医生诊断为脑出血病死，但妻子却不以为然，丈夫正值壮年，每次公司体检也没发现异常，更没有高血压。于是妻子要求医生详细调查。医生建议道：

"既然你认为死因不明，那去找警察吧。"

众所周知，东京都内实行法医制度，可以申请对死因不明的尸体进行行政解剖。男子的解剖结果显示，颅骨后侧头皮下出血，从颅骨右侧至左侧均有骨裂，硬膜外出血且血肿量高达170克。显而易见，男子不是死于病理性脑出血，而是死于颅骨骨折导致的外伤性硬膜外血肿。男子前额叶左右两侧有轻度对侧伤痕迹，是跌倒所致。

于是，警察调查了男人死前的行踪，从同事和妻子口中得知，男子酒后回家过程中在人群中被撞倒。当时那个年代，很少有医生知道跌倒后硬膜外出血的机理。但如今我们站在医学的角度去回溯男子硬膜外出血的经过就能发现：受伤后1~2小时内血肿约达到50克（参照表6），在这段中间清醒期内，男子完成了乘车回家、睡觉这一系列行为。另外，男人在微醉状态下之所以步履蹒跚，也是因为血肿增加了。回家上床后经过了5~6小时，到了早上颅腔内出血量估计已经达到了80~100克，此时男子陷入了昏睡状态。

临近中午，在受伤14小时后，血肿量超过了170克，大脑受到严重压迫，男子最终不治身亡。倘若该男子当天就接受详细检查，并在血肿量达到70~80克之前实施开颅手术的话，还能捡回一条命。不过，当年不仅检查器具不完备，而且在没有准备的情况下也无法贸然进行开颅手术。总之，结果令人惋惜。

这起案件中，死者的受伤地点与病发地点在时间和空间上都相距甚远，令人难以捉摸。但好在通过行政解剖，知道了中间清醒期的原理，从而摸清了事件的来龙去脉。谜底虽已揭开，但仍难以找到撞倒男子的人。

自发性蛛网膜下腔出血与外伤性蛛网膜下腔出血

蛛网膜下腔出血是临床上比较常见的颅脑疾病之一，主要分为自发性蛛网膜下腔出血和外伤性蛛网膜下腔出血。

事先说明一下，大脑血管分布是比较复杂的，主要包括动脉系统和静脉系统，其中最为重要的是动脉系统，包括颈内动脉系统和椎基底动脉系统。在脑底部，这两套动脉系统合流于蛛网膜下腔，构成大动脉环，而后蔓延至大脑表面为大脑内部提供营养。

1. 自发性蛛网膜下腔出血

所谓自发性蛛网膜下腔出血，就是本身动脉血管发育异常，有动脉瘤、动静脉畸形等基础情况，在诱发因素下引起动脉瘤的破裂、出血，血流到蛛网膜下腔引起一系列临床症状，这就是自发性蛛网膜下腔出血。因此在解剖时，一定要仔细观察脑动脉环上的动脉瘤，这是病症的典型特征（参照图21及图22）。

2. 外伤性蛛网膜下腔出血

脑挫伤等脑外伤以及脑部撞击后，分布在大脑表面的血管破裂，血液聚集到蛛网膜下腔，所以称为外伤性蛛网膜下腔出血。

一般外伤性蛛网膜下腔出血与动脉瘤无关，而是外力导致的脑挫伤部位的周边性出血。解剖时，需要细心区分自发性与外伤性两种出血情况。

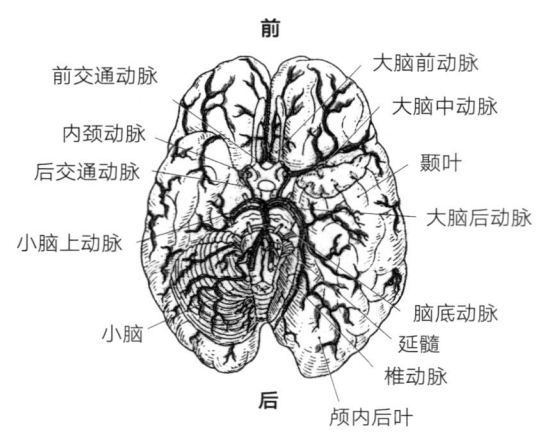

图 21　脑底动脉

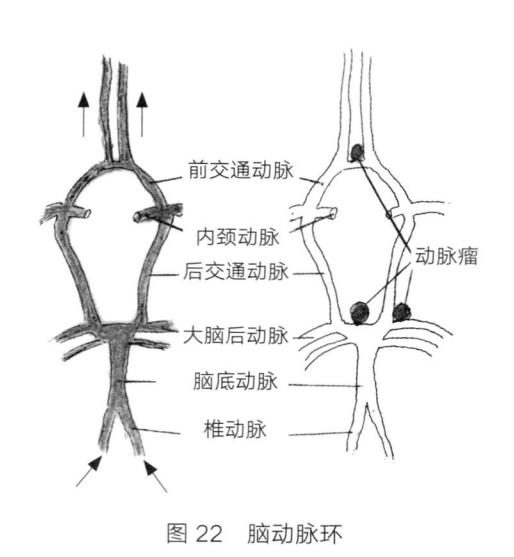

图 22　脑动脉环

老年妇女摔倒街上,是病情发作还是交通事故?

一天早上,一位老年妇女在街上摔倒昏迷。由于没有目击者,县警接到报警后以为是交通事故,便立即采取紧急措施准备抓捕逃逸。但几小时后,警方从接收妇女的医院的主治医师那儿得知,患者为自发性蛛网膜下腔出血,便撤销了追捕。不料两天后,老年妇女在昏迷中死亡。

保险起见,县警委托大学进行了司法解剖,结果却显示死者头皮下出血,属于外伤性蛛网膜下腔出血。警方不知孰对孰错,于是再次向双方的医生确定死因。医院方面的临床医生主张病死,负责解剖的主刀医生坚持认为是外伤致死。

见此情况,警方又问道:

"因交通事故摔倒导致的头皮下出血与疾病发作摔倒导致的头皮下出血,这两者有什么区别吗?"

"如果是死者在步行时突发蛛网膜下腔出血,倒在了路上导致头部出血的话,也符合情理。"

负责解剖的主刀医生开始转而赞同医院方面的说法。

…………

不久,县警询问了我的看法。在查看资料时,我知道了负责解剖的主刀医生在追问之下竟然改变了自己的观点。要知道作为法医学者，负责解剖的主刀医生与医院的临床医生不同，他们是在解剖尸体时亲眼观察到了出血部位，以此诊断为外伤性蛛网膜下腔出血的。

但是，区分两种病症的脑动脉瘤居然没有任何记录。可能这位法医没有解剖过自发性蛛网膜下腔出血的尸体。即便如此，死者膝盖和腿部的擦伤及撞伤明显是与地面摩擦撞击后出现的，说明死于交通事故的可能性更大，但这一点也没有被提及。一般，疾病发作倒在路上产生的擦伤及撞伤面积不大。

最终，由于主刀法医的变卦，县警也将此案断定为病死而结束调查。等到死者家属找我询问意见时木已成舟，案件以一种将错就错的方式结束了。

时至今日，我依然心存芥蒂，让我感受到法医无能为力的一面。

自发性脑出血与外伤性脑出血的区别

自发性脑出血，即大脑的实质——脑髓质出血；而外伤性脑出血（脑挫伤）多是因为大脑受到外力的冲击，通常出现脑皮质损伤以及蛛网膜下腔出血（参照图23）。

换言之，外力从大脑皮质一直波及脑髓质。如果将大脑比作包子，外力只伤到包子皮就是外伤性，外力只伤到包子馅就属于自发性。

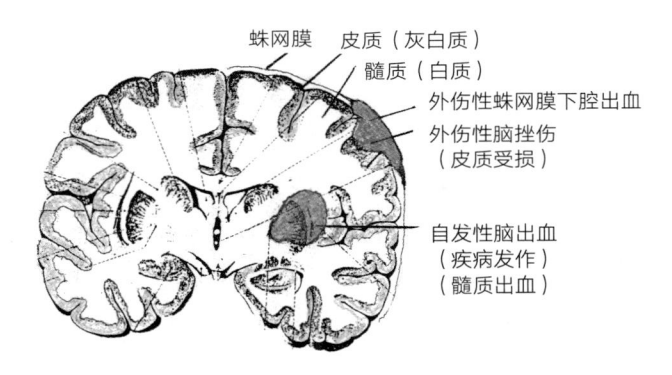

蛛网膜　皮质（灰白质）
髓质（白质）
外伤性蛛网膜下腔出血
外伤性脑挫伤
（皮质受损）
自发性脑出血
（疾病发作）
（髓质出血）

图23　自发性（病理性）脑出血与外伤性脑出血的区别

第十五讲 交通外伤篇 其一：从外伤特征推断案情

一辆轿车撞到了一面混凝土墙，驾驶员在事发前曾抱怨刹车不太灵敏。为调查事故原因和死因进行了解剖，结果发现死者的左脑脑干部位出血……

交通事故致路人受伤

1. 缓冲伤导致的骨折

假设一位路人在过马路时，与一辆从右侧驶来的轿车相撞而受伤。相撞前，司机慌忙刹车，由于惯性车头会略微向下拉低，多会撞到路人小腿下部导致骨折。这就是缓冲伤导致的骨折。

反之，如果司机没有刹车，汽车在高速行驶时会有轻微的轮胎离地情况发生，与路人相撞后，路人小腿骨折部位变高。此时，假设被撞的路人在步行时右腿先着地，左腿正准备迈出，骨折一般多出现在右腿小腿处，左腿小腿不会骨折。

2. 被引擎盖撞击后的损伤

被右侧行驶来的车辆撞到后，除了小腿之外，右侧腰部也会因引擎盖的冲击而受伤，整个身体从下往上被顶到引擎盖上，随后头部被挡风玻璃撞伤，甚至当场昏迷。此时，车辆会出现引擎盖塌陷、挡风玻璃破碎等痕迹。

3. 被引擎盖震落

一般受害者被顶到引擎盖上后，驾驶员会急忙刹车，使受害者从引擎盖上滚落到汽车前方的地面上，从而造成颅骨骨折、脑挫伤等，很有可能危及生命。

裸露在外的脸部和手部也容易被路面擦伤。法医检查时千万不能疏漏，这一点是区别高空坠落和交通事故外伤的关键线索。

4. 碾压伤

倒霉的路人被车辆撞倒后，身体又被机动车车轮碾压，形成了碾压伤。碾压伤较严重时，受害者可能会当场死亡。

车轮碾压过后，受害者的衣服、身体上会留有车轮印。一般衣服上的车轮印是车轮的凸面，人体皮肤上的车轮印是车轮的凹面。这一点也必须仔细观察。假设路人遭遇撞击后摔倒在路边，躲过了其他车辆的碾压，最终不幸死亡。这种情况下，法医需要区分死者是死于撞击外伤还是摔倒外伤。

5. 皮肤撕脱伤

碾压伤与碾压部位及碾压严重程度相关，譬如机动车碾压大腿时，轮胎旋转产生的强大牵扯力又会将大腿皮肤暴力拉扯到轮胎之下，造成皮下组织与肌肉深筋膜之间撕脱分离，形成皮肤撕脱伤，伤口处多会积攒大量血液与淋巴液（参照图24）。

如果车辆行驶速度较慢，多会导致皮肤裂开。另外，较之非驱动轮，驱动轮的碾压后果更加严重。

6. 撞人逃逸

路人与普通轿车或面包车相撞后，先会出现撞击外伤

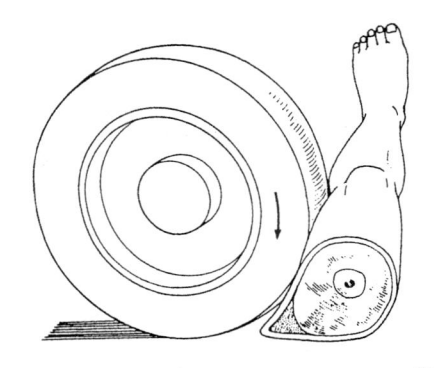

来源：Ponsold。

图 24　车轮从左侧压过大腿时造成皮肤撕脱伤

与摔倒外伤，被车轮碾压过后又会形成碾压外伤。

例如一位路人被右侧驶来的车辆撞击后，首先其右腿小腿、右侧腰部、右侧头部会出现不同程度和种类的损伤；接着，路人跌落地面，其裸露的左脸、左手等部位会出现擦伤、跌伤，头部左侧猛烈撞击地面后很有可能导致致命伤；最后又被车轮碾压，形成碾压外伤，出现皮肤撕脱、骨折等症状。

法医在检查时，务必认真对待及区分撞击外伤、摔倒外伤、碾压外伤。

若驾驶员事后逃逸，除了观察尸体状况，法医还应检查死者衣物上残留的车辆涂料、车轮痕迹、刹车痕、肇事车辆的散落零部件等，这些对于案件侦破极为重要。

交通事故致驾驶员与同乘者受伤

1. 驾驶员受伤

驾驶过程中，车辆加速过快或方向盘操作失误等情况的发生容易导致车辆追尾、转弯失控、冲下悬崖等交通事故。正确使用安全带能够有效减缓伤害。事故发生时，紧急启动安全气囊也能够有效减缓外力冲击，减少人车损伤。

2. 同乘者受伤

轿车交通事故中，副驾驶的同乘者的膝盖和小腿部分通常会因撞击到仪表板而受伤，轻则跌打损伤，重则当场骨折。

3. 颈椎受伤

车辆追尾时，车内人员的颈椎极易受伤。事故中，人体在靠背或座椅的带动下突然向前或者向后时，头部通常无法跟上身体的运动节拍，这种身体和头部不协调运动最终会施压到颈椎，从而导致颈椎受损。情况严重时还会脱臼、骨折，伤及颈髓者会呼吸困难甚至死亡。

4. 酒驾

在日本，呼出的每升空气中酒精成分超过0.15毫升即被视为违法。此外，吸毒后驾车、认知功能障碍患者驾车等情况而导致的交通事故也屡有发生。

一般驾驶员在感知危险后紧急刹车，而从急踩制动踏板开始到汽车完全停住所驶过的距离，即制动距离的计算有一套大概的标准。车速在每小时40千米时，制动距离约为16米；车速在每小时50千米时，制动距离约为25米；车速在每小时60千米时，制动距离约为36米。

驾驶时突发疾病

驾车事故的原因有很多，除了驾驶员注意力不集中、疲劳驾驶、酒驾、醉驾、驾驶员吸毒等常见情况，驾驶时突发疾病也屡见不鲜。

举一则案例。一驾驶员在行驶过程中，坐在副驾驶的同乘者察觉到该车辆刹车不灵敏。行驶一段距离后，经过自家附近的三岔路口，右转后直行。不料撞到了墙面，车辆也随即停止。

同乘者头部稍有轻伤，驾驶员被撞击到胸口，趴在方向盘上一动不动，同乘者询问后也没有回应，随后驾驶员被立即送往医院。虽然此人只有胸部中间被方向盘撞伤，但一直没有恢复意识，并于当天死亡。

由于事故原因和死因不明，监察医务院执行了行政解剖，发现死者胸部的撞伤为轻度皮下出血，左脑脑干部位出血。原来，该车辆刹车失灵是因为死者驾驶时左脑脑干出血，致使控制右腿的神经麻痹，无法急踩制动踏板。因此，这是一场驾驶员突发疾病导致的交通事故。

现实中，除脑出血外，蛛网膜下腔出血、动脉瘤破损等疾病的突发也是诸多交通事故发生的原因。

第十六讲 交通外伤篇 其二：高空坠落外伤与交通事故外伤

> 两栋大厦之间发现了一具男性尸体。起初被认定为跳楼自杀，但其身体的左右两侧遍布着撞伤，还有骨折、头部皮下出血，其中左侧胳膊和腿部有大量擦伤。这是明显的交通事故外伤。但死者的受伤现场与尸体的发现地为什么不是同一个地方呢？

高空坠落的外伤情况与死者的着地姿势有关，一般身体两侧无外伤，甚至有时连擦伤都没有。相比之下，交通事故外伤中，除了有撞击外伤，还有擦伤、碾压伤等情况。接下来，讲述两个我亲身经历过的案例。

撞人逃逸

有一次，我和警方约好在某医院的太平间里协同尸检。警方的人迟迟不来，于是在这期间我向死者的儿子询问了一些情况。但是，死者的儿子只说是交通事故逃逸，案发现场既没有交警，又没有交通堵塞。我觉得有些不对劲儿，又问了事发地点，但死者的儿子一直闪烁其词。

正当我再想打听些情况的时候，警察终于来了。但来的不是交警而是身穿便服的刑警。见我满脸疑惑，姗姗来迟的刑警主动回答道：

"得知死者倒在了自家附近的路上这一消息后，上面命令我们刑事科负责此案，我们也是刚从现场赶过来的。"

"好的，情况我知道了。那我们开始解剖吧。"

死者是一名老年女性，生前可能患有骨质疏松，骨折部位较多。死者的头部右侧有撞伤，口鼻处少量出血。除此之外，胸部右侧多发性肋骨骨折，骨盆右侧骨折、右大腿骨折、右臂前肢骨折，很明显死者身上的外伤基本集中在身体右侧。但是裸露在外的脸部和手部却连擦伤都没有。这与交通外伤的特征明显不符。

于是，我凑近会同验尸的刑警，小声耳语道：

"从外伤情况来看，死者很有可能是从高空坠落后身体右侧着地。"

"嗯，好的。我待会儿去问一下死者家属具体情况。"

刑警说完后，离开了太平间，去找死者家属。

"都说了她是倒在街上，是交通事故！"

死者儿子坚称自己的说法，但实际上找不到肇事车辆，没有任何目击证人。

"如果真是肇事逃逸，我们警方必须马上追捕。你能带我们去现场指认一下吗？"

"好……好的。"

死者儿子明显紧张了起来。

"死者口鼻处流血，我也想确认一下现场是否有血液飞溅的痕迹。最好快一点，我们马上动身吧。"

我也不失时机地补了一句。

…………

一阵沉默后，这个中年男人突然跪下来对着警察开始道歉。

"实在对不起！"

原来，死者是从公寓5楼跳楼自杀的。但男子害怕被兄弟姐妹、亲戚们指责没有照顾好母亲，才谎称是交通事故。

在日本，的确经常会遇到这样的案件，自杀事件被谎称为非正常死亡。我和警察去验尸过很多次，这属于老年人自杀中常见的一种情况。

在另一起案件中，我曾向死者的儿子儿媳妇询问自杀动机，他们要么吞吞吐吐，要么归咎于老人受不了病痛的折磨。但老人的疾病不足以致死。一般，老年人在身体机能下降后，收入也随之减少，往往容易成为一家人的负担。如同古代弃老风俗一样，现代老人其实在家里备受冷落。所以，死者的儿子儿媳为了不被戴上"不孝子女"的帽子，才拿出"受不了病痛折磨"这种事不关己的理由吧。

根据日本厚生劳动省统计，在老年人的自杀动机中，"难以忍受病痛折磨"居于首位，但我认为实际上应该是家人的冷漠。

言归正传，高空坠落外伤与交通事故外伤的区别相当明显，如图25和图26所示，无法逃过法医的双眼。尤其是高空坠落外伤，与着地时的姿势大有关系，一般情况下擦伤较少，这一点也在第十三讲详述过。

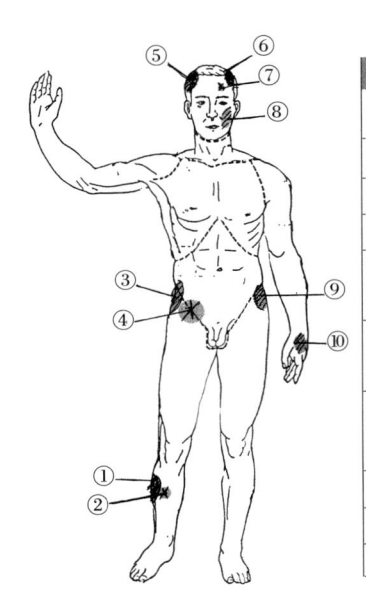

行人被车辆撞击造成的外伤
① 缓冲伤（撞伤）
② 缓冲伤（小腿骨折）
③ 引擎盖撞击（腰部撞伤）
④ 引擎盖撞击（盆骨骨折）
⑤ 挡风玻璃撞击（头部撞伤）从车上滚落造成的伤害
⑥ 从引擎盖上滚落（头部撞伤并骨折）
⑦ 从引擎盖上滚落（硬膜下出血）
⑧ 撞击路面（面部擦伤）
⑨ 撞击路面（腰部撞伤）
⑩ 撞击路面（手背擦伤）

图 25　行人被车辆撞击造成的外伤

大厦间的尸体

两栋大厦之间发现了一具男性尸体。起初被认定为跳楼自杀，但其身体的左右两侧遍布着撞伤，还有骨折、头部皮下出血，其中左侧胳膊和腿部有大量擦伤。毫无疑问，死因不符合尸体状况，需要进一步检查，于是便在监察医务院内执行了行政解剖（参照图27）。

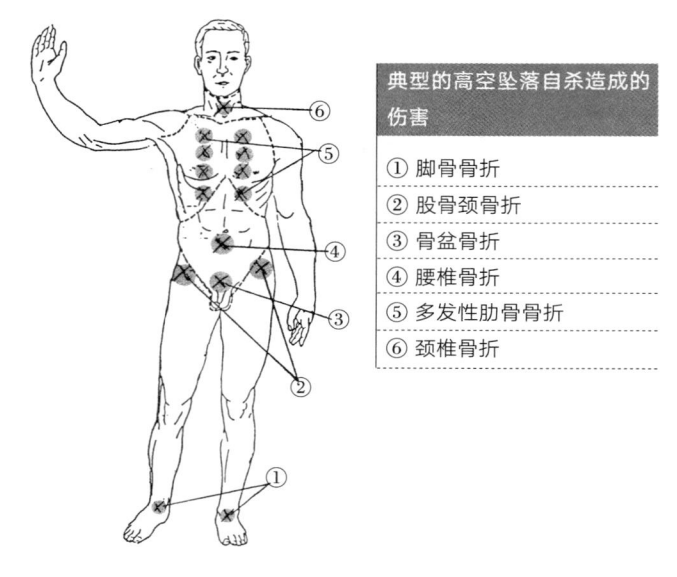

典型的高空坠落自杀造成的伤害
① 脚骨骨折
② 股骨颈骨折
③ 骨盆骨折
④ 腰椎骨折
⑤ 多发性肋骨骨折
⑥ 颈椎骨折

图 26　典型的高空坠落自杀造成的伤害

从图27所列出的伤势情况来看，受害者应该是在过马路时，与右侧驶来的普通轿车相撞，导致身体右侧出现大量撞击外伤。

①右小腿撞伤骨折应该属于缓冲伤导致的骨折。此时受害者正欲迈出左腿，所以左腿没有受到撞击，只出现⑦左小腿内侧皮下出血。接下来，汽车引擎盖撞击受害者右侧腰部，导致②身体右侧盆腔骨折；被顶上引擎盖后，受害者头部右侧与挡风玻璃撞击，形成③头部右侧皮下出

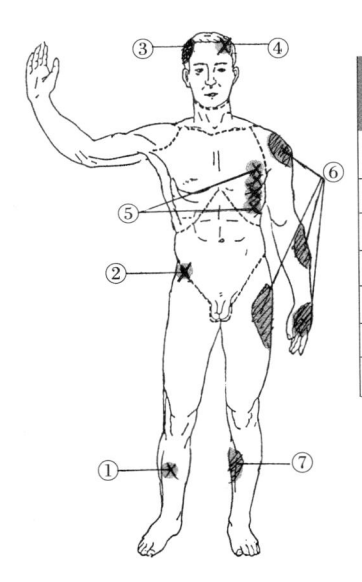

两栋大厦间发现的尸体的身体损伤情况

① 右小腿撞伤骨折
② 身体右侧盆腔骨折
③ 头部右侧皮下出血
④ 头部左侧骨折和脑挫伤
⑤ 胸部左侧多发性肋骨骨折
⑥ 左侧上下肢大面积擦伤
⑦ 左小腿内侧皮下出血

图 27　两栋大厦间发现的尸体的身体损伤情况

血。到了这个时候，驾驶员一定会紧急刹车，车辆停下后，引擎盖上的受害者会因为反作用力滚落到地面，导致④头部左侧骨折和脑挫伤、⑤胸部左侧多发性肋骨骨折，以及⑥左侧上下肢大面积擦伤。

从这些损伤我们可以推断，死者尸体的发现地绝不是死者的受伤现场，尸体是被人从某处遗弃到大厦之间的。尸体被发现后的第二天，这起事件就被各大报纸争相报道。

这时，有一名大学生联系了警察，提供了一些参考线索。

3天前的深夜，这名大学生在熬夜复习时，听到了一声巨响后连忙打开了自己所在的二楼窗户，只见一个黑影把一个人抱进出租车后排座位，马上开车离开了现场。

这名大学生当时以为是司机在救人便没有报警，看到报纸之后恍然大悟才联系警察。又过了一周，案件尘埃落定。得益于大学生的线索，警方逮捕了肇事逃逸的出租车司机。

原来，那日受害者在晃晃悠悠过马路的时候，被这位出租车司机撞倒了。司机本想着把他抬上车送到医院救治，但看到血肉模糊的受害者发出痛苦呻吟的样子，突然心生畏惧，转念之下驱车几公里，把他遗弃到了两座大厦之间，逃逸了。

在法医学者看来，如果司机是有意将肇事逃逸伪造成受害者自杀的话，不得不说这是一种巧妙的犯罪，同时司机的行为更是罪加一等。不过实际上并非如此，这只是一次肇事司机情急之下的误打误撞罢了。

此次案件最深刻的教训仍然是：如果只从犯罪现场去考虑死者的死因，很容易被犯罪嫌疑人误导；真正的死因隐藏在死者的尸体中，精细的尸检才能让尸体说出真相。

专栏 ❷

松木先生的骨灰

朝鲜民主主义人民共和国在1977年到1988年间曾多次在日本本土以及欧洲绑架日本人。在众多受害者中,有一位名叫松木熏的男子,昭和五十五年(1980年)他在西班牙留学时被绑架到了朝鲜。平成八年(1996年)8月,朝鲜政府向日本发布通告称,43岁的松木熏不幸死于交通事故,遗体连同坟墓被洪水冲走。不久后遗体被找到进行了火化,安置在平壤市公墓。

经过两国政府间的交涉,松木熏的骨灰终于被送还日本。火化后的骨灰十分细密,但法医还是从中找到了一块疑似齿槽(上下颌骨形成的窝槽,长牙齿的地方)的骨片。经人类学家鉴定,这是位于左侧上颌犬齿齿槽的一部分。从齿槽的构造来看,骨灰的主人不像是一个43岁的中年男子,更像是一位60岁以上的老年女性。最终经过DNA鉴定确定,死者不是松木熏。

为什么朝鲜人送还的不是松木熏的骨灰呢？不少新闻报纸推测，恐怕答案就藏在火葬之中。朝鲜人也许认为火葬之后人骨细胞遭到破坏，如此一来就无法进行DNA鉴定了。另外，朝鲜不像日本火葬场那样拥有燃烧温度达到1200摄氏度以上的焚烧炉。假设他们直接用火焚烧，那温度最高不过200~300摄氏度，这样的温度虽然能烧焦人骨表面，但无法伤及骨髓组织，依然可以进行DNA鉴定。

第十七讲 枪伤篇：一枪打在哪里会直接致死

> 其实，子弹打穿头部并不会百分之百致死。据说，某超市女店员遭遇持枪抢劫的歹徒枪击，第一枪子弹打穿前额贯穿后脑，随即而来的第二枪子弹贯穿后脑勺和下颌。知晓这种枪击技巧的必定是一位杀人"专家"。

枪伤

日本的枪支管控格外严格，一般很少发生枪击伤亡事件。按照子弹运动轨迹，枪击造成的身体损伤一般分为贯穿伤、穿透伤和摩擦伤。贯穿伤即子弹射入身体后又穿出身体的一种伤害，会产生射入口、贯穿管道、射出口三处伤害，通常入口小而出口大，可以轻易撕裂肌肉组织。穿透伤即子弹打入身体后停留在体内。摩擦伤是指子弹擦过身体表面造成的伤害。

不同的枪支、不同的射击距离会产生不同形状的伤口，因此枪伤也需要具体情况具体分析。但一般而言，枪伤有以下特征（参照图28）。

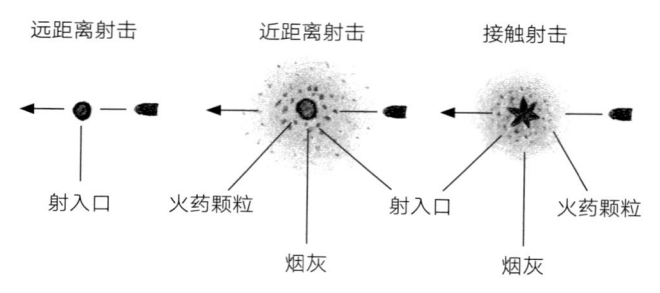

图 28　不同的射击距离产生的伤口

1. 接触射击

又称无距离射击，枪口紧贴在人体上，在射入口处有时可见枪口印压痕。接触皮肤后射击，枪管中喷出的爆炸气体会产生强烈冲击，使射入口处的皮肤破裂成星芒状，伤口周围有火药颗粒和烟灰附着。开枪者与受害者的衣服以及开枪者的手部也会有烟灰附着。

2. 近距离射击（一米内距离）

射入口呈圆形，周围有火药颗粒和烟灰附着，在皮肤上形成烟晕。烟晕的面积和密度与射击距离紧密相关，距离越近，烟晕越密，面积越小；反之，距离越远，烟晕越稀，面积越大。

形成贯穿伤的情况下，有时子弹会连同骨片从射出口射出，因此射出口的伤口普遍大于射入口，形状更加不规则。

3. 远距离射击（一米以上距离）

射入口呈圆形，类似尖锐物的刺伤，射入口周围无烟灰附着或火药颗粒嵌入。

4. 膛线痕

人们很早就知道，要想使子弹直线飞行，就必须使子弹旋转保持弹道稳定。为此，人们在枪管内增加了螺旋状的沟壑，即膛线。如此一来，子弹发射时，会被膛线赋予旋转的能力，以此保持按照既定的方向前进。

所以，出膛的子弹表面一定会形成膛线痕。膛线的螺旋状沟壑会因具体枪支的型号不同而不同，可以说是"枪的指纹"。通过膛线痕，就可以判断出凶手所使用的枪支种类。

持枪抢劫

在日本，超市一般晚上9点关门。一天，女店员与两名兼职的女学生将当天450万日元的营业额送到二楼办公室的空保险柜中。

"把钱给我交出来！"

刚刚关上保险柜，一名持枪劫匪便冲了进来，直接拿枪抵在了女店员的后脑勺上。两名女学生也被胶带捆住手脚，被绑匪呵斥吓得不敢动弹。

控制住所有人后，绑匪一直催促女店员把钱交出来，但三人谁也不知道保险柜密码。原来，这家超市的社长每天离店前会打开空保险柜，店员下班前将当天营业额放入其中，第二天社长到店后转动刻度盘取出现金存入银行。换句话说，除了社长之外没人知道怎么打开保险柜。

此时，在绑匪的催促之下，女店员吓得直发抖，只是一个劲儿地转着保险柜的刻度盘。看到绑匪紧盯着女店员，两名女学生趁机去撕缠在身上的胶带，不料声音太大被发现了。绑匪随即转过身朝着两人的后脑勺各开一枪，两人当场毙命。

两声枪响吓得女店员仓皇逃窜。

"给我站住!"

绑匪的一声呵斥让店员停下了脚步,正当她转身的同时,一颗子弹直接打穿她的前额贯穿后脑。女店员顿时瘫坐下去,靠在超市墙壁上,全身开始不停地抽搐。绑匪见状,快步走到女店员身边,补了一枪,第二颗子弹贯穿了她的后脑勺和下颌。女店员当场死亡(参照图29)。

连杀三人后,绑匪试图撬开保险柜,但是失败了。气急败坏之下,他朝着锁孔开了一枪,保险柜还是打不开。此时,两三分钟之内的五声枪响已经引起了超市周围的注意。最终,绑匪一无所获只得悻悻而去。

15分钟后,听到枪声的五六人凑在一起,战战兢兢地走进办公室,看到三位女性倒在了血泊之中……

以上这些描述,有我作为某电视台解说员赶赴案发现场后,从知情人士那里得到的信息,加上我个人的一些见解。

可能有不少人以为头部中弹会直接致人死亡,但实际上并非如此。头颅中的人脑分为大脑与小脑。小脑是掌管身体基本运动能力的中枢部位,在这里暂且不提。接下来,我将详细说明一下大脑的结构(参照图30)。

1. 脑干

脑干是人体自主神经中枢,其功能主要是无意识地调

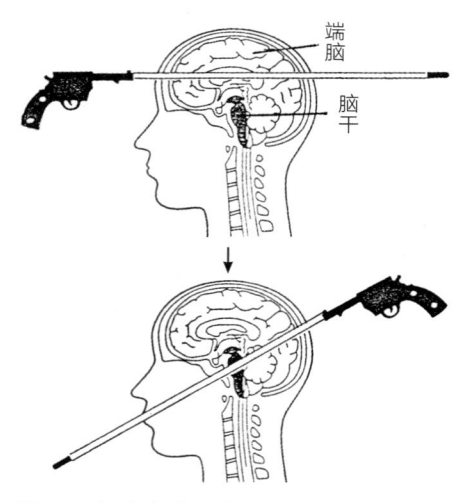

图 29　超市女店员遭遇枪击时的子弹弹道

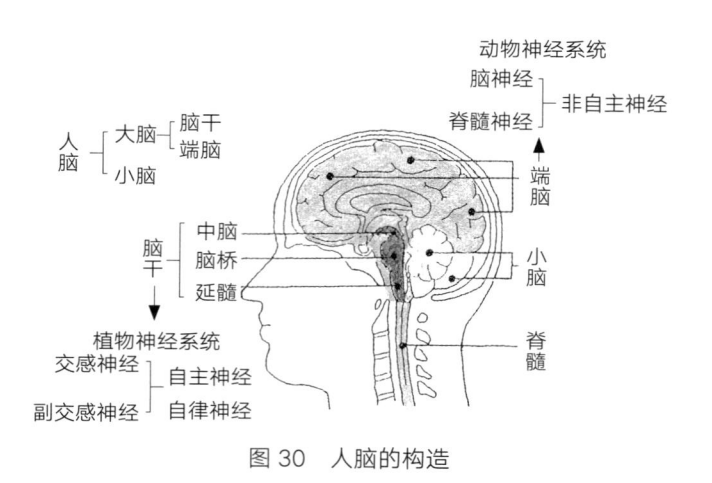

图 30　人脑的构造

节身体机能，包括心跳、呼吸、消化等重要的生理功能。这些功能均与人体意识无关，因此脑干又被称为自主神经系统、自律神经系统或植物神经系统。

2. 端脑

人根据自己的意识自由地驱动身体，负责该部分功能的就是位于中脑的躯体神经系统，又称非自主神经系统或动物神经系统。

就脑干与端脑的关系，我们可以简单地理解为：一个人处于睡眠状态时，端脑也在休息，没有意识。但脑干不会休息，它必须随时下达指令，维持心跳、呼吸、消化等重要生命功能；人醒来后，端脑也加入工作，使人可以按照自己的想法驱动身体。因此，一个人从生到死，他的脑干都在不眠不休地运转。

3. 植物状态

当端脑受到枪击等创伤影响而严重受损时，患者会陷入不可逆的深昏迷，丧失意识活动。但脑干没有受损可维持自主呼吸运动和心跳，患者不会立即死亡，此种状态称"植物状态"。

4. 脑死亡

子弹贯穿脑干后，人体的心跳、呼吸、消化等功能短时间内必定终止，几乎可以使人瞬间死亡。

假设一个人因脑干部位出现小规模病理性出血而陷入昏迷，被立刻送入医院安装人工心肺机实施抢救。虽然脑干受伤无法下达指令，但有人工心肺机辅助人体心跳与呼吸，患者陷入昏迷也可以维持3~4周的生命。这段期间就被称为"脑死亡"。

注意，脑死亡与植物状态都会致人昏迷，虽然症状相同，但两者受损的中枢部位完全不同。换言之，一个被医学上视为死亡的人无法自主呼吸，只能依靠机器续命的状态，即为"脑死亡"。这个时候，可以根据患者清醒前或家属的意愿，捐赠其器官和遗体。

言归正传，上述的持枪抢劫事件中，绑匪明显清楚一枪打在哪里可以一击致命，可以说是一名杀人"专家"。也许他曾经上过战场，也许是一名黑社会人员。虽然抢劫没什么经验，不过枪法了得却是事实。

昭和十六年（1941年），那时的我刚刚进入日本的旧制中学。当时日本实行征兵制，中学及以上的教学单位都配有将校军官，军事训练自然也成了必修科目。在课上我们学习如何使用手枪，趴在地上做好准备，听到长官命令后，瞄准目标并扣动扳机。

课堂上，我们自然是打空枪。但在真实的战场上，子弹上膛，瞄准的是敌人，是有血有肉的人，他们也有亲人，人与人之间的战斗和厮杀只会让各自的亲人徒增悲伤。想到这里，当时的我心里有一万个不愿意。直到日本战败后，我们终于迎来了一个可以享受自由与和平的时代。

第十八讲 其他外因致死篇
其一：烧伤、烧死、中暑

在日本东京地区，一切外因致死的情况都被视为非正常死亡，必须通知警察，接受法医的尸检。比如在某次事件中，一名女孩被石油暖炉上装有热水的水壶严重烫伤，最终死亡。尸体的伤势向生者诉说着真相……

烧伤

人体皮肤或黏膜组织接触到火焰、热液（沸水、沸汤、沸油等）、蒸气等高温物质，出现的局部组织损伤被称为烧伤。皮肤烧伤的程度一般划分为四级。

1. 轻度烧伤（红斑性烧伤）

皮肤毛细血管遇热扩张，皮肤变红，出现轻度肿胀并伴随疼痛。

2. 中度烧伤（水疱性烧伤）

皮肤表皮与真皮间有疱液堆积，形成大小不等的水疱，疱液清亮透明，呈淡黄色或蛋清样液体。患者出现明显疼痛，局部红肿比较明显。烧伤面积超过50%将危及生命。

3. 重度烧伤（坏死性烧伤）

皮肤表皮与真皮凝固坏死，伤及真皮深层，皮下脂肪与血管网清晰可见。烧伤面积超过三分之一将危及生命。

4. 特重度烧伤（炭化）

皮肤被高温火热严重灼伤，皮肤出现炭化现象。一般创面呈蜡白色、褐色或炭黑色，干燥、无水疱、无疼痛感，质韧如皮革样坚硬。热液与蒸气烫伤不会引起炭化。

烧伤的幼女

一个在地上爬来爬去的小女孩不小心撞到石油暖炉，

打翻了装有热水的水壶。开水倾泻而下落到了孩子的背上，导致严重烧伤。

随后，女孩马上住院抢救，2天后不治身亡。主治医师出具了烧伤致死的诊断书，判断为意外事故。女孩的父亲带着死亡诊断书提交给当地民政部门，但没有被受理。因为烧伤致死不是内因致死（病死），而是外因致死。在日本东京都，所有外因致死一律被视为非正常死亡，必须告知警方，接受法医尸检（日本《医师法》第21条、《尸体解剖保存法》第8条）。

烧伤的原因不能只听医生或死者家属的一面之词，是意外死亡、自杀还是他杀，这些具体情况必须基于警察公正严明的调查才能下结论。

主治医师注意到患者非正常死亡后，立刻通知了警方。陪同我尸检的警察听了女孩母亲的供述，觉得没有问题，一开始也判断为意外事件。但当我脱掉死者衣物解开包扎后发现，小女孩的后背有一块圆形的烧伤，大概处于中度烧伤与重度烧伤之间。

按道理来说，打翻水壶后里面的开水应该是呈不规则形状洒落的，这说明警方的调查情况与尸体状况并不吻合，孩子的父母一定隐瞒了什么。于是，我建议警官重新搜查。

一番审问后,女孩母亲终于说出了真相。原来,这个死去的孩子天生残疾。从吃饭到大小便全都需要母亲一刻不离的照顾,多次求医被告知无法治疗。痛感人生一片黑暗的母亲最后忍痛将热水浇在了女儿背上,伪造成意外事故。但毫无疑问,这属于杀人事件。

由于母亲浇的开水比较少,被女孩身上的衣服吸收后,就形成了圆形烫伤。如果是大量开水,没有被衣服吸收的开水就会流出,形成不规则形状的烫伤,也许能骗过法医。不过即使如此,也不可能形成完美犯罪,一定会在其他地方存在漏洞。

从死者伤处也可以看出,母亲绝不是恨孩子。一想到她被警察审问时的痛苦,我的心情也随之沉重。

烧死

也许有人好奇,火灾发生时为什么有人不能及时逃出。与汽油或石油的爆发性火焰不同,火灾发生时先是不停地冒烟,当浓烟充满整个室内空间后,大火才开始蔓延。在这种情况下,逃跑的人会不可避免地吸入浓烟,因一氧化碳中毒而逐渐失去意识，过程中还会伴随神经麻痹、四肢无法动弹，最终在毫无感知的状况下被活活烧死。

经过科学解剖后发现，人体红细胞中的血红蛋白极易与一氧化碳结合，形成稳定的碳氧血红蛋白。烧死尸体中的碳氧血红蛋白饱和度高达70%，血液已从正常的暗红色变成鲜红色。不仅如此，尸体的支气管内也含有烟灰。这些状况都能证明死者生前曾在火灾中呼吸过（参考第六讲）。

曾经的日本房屋基本都是由木材与纸质材料建成，燃烧后的烟雾中只含有一氧化碳，即使呼吸几下也不至于马上致死，所以当时还能留下火中救人的美谈。但从20世纪60年代开始，随着塑料、尼龙、腈纶等新型建材使用的增多，房屋燃烧产生的浓烟中除了一氧化碳外，还增加了许多其他的有毒有害气体，甚至呼吸一下就会失去意识。

所以面对火灾现场，即使有烟无火也不要贸然冲入。这一点一定要时刻牢记。

另外，无论是生前烧死还是死后焚尸，尸体都会手足蜷缩，呈斗拳状姿势，因为高温作用下人体肌肉会缩短，四肢屈曲固定。

顾头不顾尾

一位独居老人家里失火了。灭火后，人们找到了她烧焦的尸体。司法解剖结果显示，气管内未吸入烟灰，碳氧血红蛋白饱和度也呈阴性，由此可以判断老人是死于火灾发生前的。

但奇怪的是，老人身体健康，身上并没有足以致死的疾病，毒性检查呈阴性，死因不明。失火原因也未查清。

不过，老人死亡、房屋被烧后，保险公司需要支付大额保险金。警察以此为线索，很快锁定了犯罪嫌疑人。虽然涉嫌杀人放火，接受了警察的搜查，但死因不明这一解剖结果并不能让警察将其逮捕。

半年后，警察找我寻求意见。对此，我本想拿出"不解剖，不判断""只看资料，无法判断"这些理由去拒绝他们。谁知，警方带着全部资料登门拜访……

我端详着死者颈部的彩色照片，怀疑会不会是勒死之类的窒息致死。尸体肌肉无出血，气管软骨等部位也未见骨折、出血等异常，心肺脑皆无病变。

"难道说真是死因不明？"

带着疑问，我接着仔细观察鉴识科人员解剖时拍摄的彩色照片，其中一张死者颅腔底部的照片引起了我的注意。一般死者的颅底是苍白的，但这张照片上明显呈现淡蓝色的淤血痕迹，这说明死者是死于窒息（参考第八讲）。

窒息死的尸体一般面部有淤血，颈部留有勒痕，由此可以直接断定为杀人事件，但这些证据因失火被烧毁，导致死因不明。所以凶手是为了销毁证据才放火的。

可惜的是，凶手作案顾头不顾尾，这才让我们法医抓住了线索。正常情况下，死亡时脸部有淤血，颅腔底部有大量血管分布会出现异样，即使尸体被烧毁，也无法伤及颅底（此次案件中的法医没有察觉到这一点）。只要确定颅底淤血，就相当于找到了窒息死的证据。

最后，我附上死者颅底的彩照给警方写了一封鉴定书。一年后，死者的外甥被捕。审问得知，他是用围巾勒死自己的舅妈之后放火焚尸的。

中暑

炎热季节，长时间顶着阳光进行劳动或体育运动，一旦肌肉疲劳、身体缺水，体内就会积攒过度的热量无法排除，从而导致中暑。

中暑后，患者通常会皮肤发红、脉搏跳动加速、体温上升，并伴随头晕、头痛、呕吐、意识障碍等情况，严重时甚至出现昏迷、痉挛。

一旦有人中暑，必须先将其移至阴凉处，设法冷却患者身体，降低体温，并及时联系医院。适当补充水分和盐分也是必要的措施之一。

中暑而死的尸体，一般血液黏稠，并出现大脑水肿和脑部点状出血等症状。

第十九讲 其他外因致死篇其二：冻死、触电死亡、饿死

某年盛夏，在一个建筑工地内，一名看似健康的男性建筑工人突然倒地身亡。据说，临死前还大叫一声"啊——"。一般，心脏病突发等情况时，患者因疼痛无法大声叫喊，而是"呜呜……"地发出呻吟。面对死因不明的尸体，法医有时能根据丰富的经验作出推断。

冻死

有关冻死方面的知识，我在第三讲已经详述，在此稍

作总结和补充。

一般体温低于30摄氏度时，血液循环和呼吸功能逐渐减弱，呼吸、心率减慢，血压下降，出现倦怠，运动不灵活，对外界刺激的反应也开始迟钝，意识处于蒙眬状态。体温保持的临界温度被认为在28摄氏度，低于28摄氏度后，体温调节中枢功能衰竭，呼吸、心跳抑制，血压几乎呈直线下降，最终因血管运动中枢及呼吸中枢麻痹而死亡。

东京的冬天，即使平均气温有5摄氏度左右，也有不少人酒醉后睡在街头，在寒风冷雨中冻死。

冻死的尸体上会出现鸡皮疙瘩，尸斑一般呈鲜红色，与一氧化碳中毒者相似，但两者的原因截然不同。

人快冻死时，随着体温下降，全身细胞的新陈代谢能力也会下降，身体组织的耗氧量大幅度减少，所以血液含氧丰富，保持着鲜红色的状态，尸斑自然也是鲜红色。另外，寒冷还会阻碍身体局部血液循环，造成手指、脚趾、鼻尖等部位冻伤。

冻伤与烧伤一样，也分为若干个等级。

1.轻度冻伤

皮肤及皮下血管遇冷收缩，血液流向机体的深层，肢体末端出现麻痹。不久,血液第二次重新分配,在丘脑下部体温中枢的调节下,皮肤血管扩张,皮肤开始发红。该阶段被称为"红斑性冻伤"。

2. 中度冻伤

肢体未被衣服遮盖部位出现紫红色肿胀,血管壁的渗透性提高,血浆渗出,其间可见水疱,与衣服遮盖部位有明显界线。该阶段被称为"水疱性冻伤"。

3. 重度冻伤

随着身体组织的冻结及血管阻塞,身体组织开始坏死。但只要及时施救,还能挽回性命。有时,死者的胃黏膜上可见出血斑。

我在第三讲讲述过,曾经有一位老法医在寒冷的现场亲眼目睹了全身裸露的冻死尸体,还以此向我们提问。在这里,我长话短说,再次解释反常脱衣的原因。

有人认为温度降低后,人的体温调节中枢被抑制,出现精神错乱和判断力减退才脱去衣物。但我不赞同这个说法。一般感冒发烧后,体温上升会冷得发抖,退烧时体温下降会热得出汗,我认为反常脱衣的原因与这个现象是相同的。正确与否我不能百分之百地断定,但应该是有一定的联系。

触电死亡

当人体充当导体,电流经过人体时出现的致死现象即为触电死亡。一般,佩戴绝缘手套、身穿绝缘长靴能够阻断电流,避免触电。

普通家庭所使用的电流为交流电,在人体充当导体时,带电物体与皮肤接触,电流通过完整皮肤,在接触处产生的焦耳热及电解作用会导致皮肤烧伤,留下电流斑。一旦皮肤潮湿或有汗液,身体对电流的抵抗能力下降,就不会形成电流斑而是直接触电。

触电后,电流经过心脏和大脑,人体会出现心室纤颤、痉挛、休克、呼吸困难等症状,面临生命危险。

落雷又称霹雳或云地间闪电,是一种空中高压电的放电现象,瞬间通过人体到达地面后,皮肤会出现相当于重度烧伤或特重度烧伤的电击纹,并引发电休克致死。

事件发生在20世纪60年代,日本正值建设热潮。与现在不同,当时建筑工人的劳动环境尚未形成规范,高空坠落、触电死亡等意外事故屡见不鲜。

某年盛夏,一男子正在执行工地作业,满身的汗水浸湿了脚下的地面。"啊——"该男子一声大叫之后随即倒地。附近的工友马上赶过来施救，但还是晚了一步。

据说法医到场后发现，倒地男子脚穿工地专用的胶皮底袜子，看样子像是高处作业的建筑工。警察一番调查后认为，该男子可能是触电死亡。

其实，早在事发两三日前，就有人反映在施工作业中感到轻微触电。但因为没有出事，就一直无人处理。

在场的法医起初也认为是触电死亡，但在男子尸体表面并未找到任何电流斑，于是怀疑会不会是施工时突发急病致死，决定执行行政解剖。

恰巧事发第二天是我值班，便主刀解剖了尸体。在解剖台上，我再次观察了尸体全身，依旧没有发现电流斑。仔细一想，男子满身大汗，就连脚下站的地面都浸满了汗水，理应一碰到电线，电流就会直接经过他的身体，通过大脑或心脏时倒地身亡。于是我又用显微镜检查了死者的心脏与脑细胞，但还是没有发现异常。

也就是说，电流直接流向男子身体表面时，因其体内组织水分过多，没有留下任何痕迹就通过了身体。一般认为，触电死亡的原因就是电流经过身体导致心脏或大脑功能障碍。除此之外，其他脏器基本不会出现致死性异常。然后，我又对男子的血液和尿液做了毒性检查，结果都是阴性，还是没有找到确切的死因。

一筹莫展之际，我想到了"无电流斑性触电死亡"这一假设死因，便和前辈法医讨论了起来。原来，前辈也经历过好几次类似事件。在讨论中，我们发现其中的相同点在此次事件里全部符合：都没有找到电流斑，解剖之后发现死者身体没有致命性异常，完全健康；都毫无征兆地"啊——"地惨叫一声后瞬间死亡。

"虽然这个'啊——'也是相同点之一。但这又说明什么呢？"

我说出自己的疑问后，讨论陷入了僵局。

"话说回来，一个人突发疾病倒下的时候，应该是'呜呜……'地呻吟吧？"

前辈说完这话，我和他四目相对，笑了起来。随后，按照这个线索又重新整理了一下死因。

人触电后，感觉到电流的强烈刺激而倒地不起，所以一般是"啊——"地一声，带着惊讶和恐惧。但突发急病的情况下，呼吸和心跳在短时间内失去功能，造成呼吸困难，大多会在"呜呜……"的一阵呻吟中失去意识。

其他法医听了我们提出的"啊——"与"呜呜……"的区别，觉得挺有意思，也表示有一定的道理。

就这样，这起事件被我们诊断为触电死亡。也许有人会认为这样的判断比较缺乏科学的依据，但也不能说完全就是胡编乱造。

饿死

人在无法摄取营养和水分的情况下会在大约一周后死亡，这便是饿死。不过也有人认为，如果只摄取水分，最多能存活一个月。当然，每个人身体的具体情况不同，不能一概而论。

正常情况下，一个人不吃不喝，两三天后空腹感消失，开始出现体力减退、体温下降、脉搏微弱等症状，并且呼出空气带有丙酮气味。不久，进一步的饥饿状态还会使人排尿减少，正常排便消失，皮肤干燥，甚至肠内黏液和上皮细胞随水样便排出体外。如此一来，身体会消瘦衰弱，意识逐渐模糊，出现谵妄症状，最终痉挛、昏迷直至死亡。

另外，长期营养失衡会导致低蛋白症，血液中的水分从血管壁中漏出，积攒在腹腔之中，常有腹泻和腹部膨胀。我在照片上见过一些衣衫不整的孩子，他们腹胀如鼓、四肢消瘦，这是典型的蛋白质营养不良。如今的人们必须消除这种现象。

人在没有食物时该怎么办？

昭和四十七年（1972年）10月13日，一架客机遇上风暴，坠毁在4200多米高的安第斯山脉。机上载有40名乌拉圭橄榄球手及5名空乘人员，只有28人在最初的坠机事故中幸存下来。由于未能及时救援，在吃光了所有食物之后，他们只能以尸体果腹。

12月12日，空难发生后第61天，依然没有人发现他们。稍有体力的两人决定下山寻求救援，最终成功获救。此时距离空难发生已经过去了72天，人们称此二人为"安第斯奇迹"。

回归社会后，幸存者食人果腹的行为马上引起了争议。他们自己认为事出无奈，不应该涉及法律问题。的确，当我们走投无路没有食物时该怎么办？是吃下同伴的尸体活下去？还是选择饿死？这是个引人深思的问题。

第二十讲 杀婴篇：反思生死

> "杀婴"，指分娩中的或刚刚出生的新生儿被杀害的情况，与成年人被杀一样都属于故意杀人。作为直面死亡的法医，我不禁思考人类肆意操纵生死所带来的是是非非。

何谓"杀婴"

"杀婴"，一个稍显陌生的词语。目前，日本刑法并未对杀害新生儿有特殊规定，与杀害成年人一样都属于故意杀人。但与一般的杀人事件不同，施害者多为新生儿的母亲，出于出轨、贫困等各种原因，不知道该如何处理刚出生的孩子，最终走上了犯罪的道路。因此在法医学领域，"杀婴"是作为一个单独的项目被处理的。

接下来，我们先从"出生"来谈论这个话题。

出生

没有比当下更藐视生命的时代了。

杀人被捕的少年面对警察，竟然问出了"杀人是不对的吗？"这种话，实在是令人震惊。他仿佛是用一种游戏视角去对待生命，就好像只要打开开关，受害者就能起死回生。

我想对这样的孩子说：请你们注视一下自己此时此刻的存在。

看似一个人的生活，但只要环顾四周，就能发现自己是在父母的关爱和兄弟姐妹的陪伴下成长起来的。你不仅是家庭的一员，更是社会的一员。你，不是一个人。你必须顺应自己所处的环境，学会与周围的人合作。为此，你需要掌握读写、计算、道德、法律等最基础的知识。而这个过程就被称作义务教育。

不仅如此，人的聚集会产生领袖，形成上下关系，由此发展成社会。而这个社会又是一个竞争的世界，我们身处其中，无法随心所欲。但每个人又都想跻身上流过上安乐的生活，这就催生出了考试竞争这种制度，仿佛在向世人许诺：只要考上一流大学，就一定能找到理想的工作，迎接美好的将来。

但实际上并非如此，大学不仅仅是学习专业知识的场所，同时也是塑造人格的关键时期。

何时成人

仔细想来，人类的智慧实在令人惊叹。每个人努力地思考、行动与合作造就了如今这个发达富裕的社会。我们都是其中的一员，所以在这个世界上都是值得尊敬的存在，我们应该为自己感到自豪与骄傲。

从母体怀孕那一刻起，人就已经算作一个生命，是一个由60万亿个细胞组成的结合体。每个细胞含有46条染色体，其中44条为常染色体，2条为性染色体。男性的性染色体为X和Y，女性的性染色体为X和X。不过，男性的精子与女性的卵子减数分裂后只有一半染色体，即男性精子有22条常染色体和一条性染色体，性染色体可以为X染色体，也可以为Y染色体；女性的卵子则全都由22条常染色体与1条性染色体X组成。

因为单独的性细胞无法分裂增殖，所以精子和卵子必须先结合，形成一个拥有46条染色体的完整细胞——受精卵。男性生殖细胞（22+X）与女性生殖细胞（22+X）结合后，受精卵发育成女性；男性生殖细胞（22+Y）与女性生殖细胞（22+X）结合后，受精卵发育成男性。

人类受精卵形成后，会在女性的子宫中分裂增殖不断发育，10个月后分裂为60万亿个细胞，一个新生儿也就由此成"人"。这种现象如果用文学性的语言描述，即两人相爱相恋，结婚生子。

我在想，可以制作出比鸡蛋更有营养的食物的人类，无法造出一个能孵出小鸡的鸡蛋，但一只鸡却可以轻而易举地做到。不禁感叹造物主的神奇。男与女、雄与雌，生物的繁衍始终延续不变，所以每个出生的孩子都是独一无二的珍宝，他们的诞生应该受到我们的祝福。但不幸的是，分娩中的或刚刚出生的新生儿被杀害的情况时有发生。

在法律上，如何区别新生儿与出生前的胎儿有三种不同的说法。

刑法——部分娩出，胎儿部分身体从母体娩出即可视为新生儿。

民法——全部娩出，胎儿全部身体从母体娩出即可视为新生儿。

医学——独立呼吸，胎儿从母体娩出后可独立呼吸即视为新生儿，不可呼吸者被视为死产儿。

之所以形成三种不同解释是因为有其各自的理由。

在刑法看来，部分娩出即可视为新生儿，这意味着即使出生后无法独立呼吸，只要出生就视为新生儿。堕胎罪（母体内杀害）与杀人罪（母体外杀害）的不同就是在这个时期区别开来的。刑法就是如此强调尊重生命。

民法坚持将全部娩出后的胎儿视为新生儿，一般户籍的出生时间是由这个时间决定的。而医学上坚持的独立呼吸一说是为了强调新生儿能够独立生存，方便与分娩后无法独立呼吸的死产儿作出区分。

在孕妇自然分娩之前用人为方式中断妊娠，并将胎儿从母体中取出或施加外力阻止胎儿的发育，这一行为便是堕胎。在有些国家，堕胎会构成犯罪，又称堕胎罪。

但如果是医生出于医疗目的而中断妊娠，如患有癌症的孕妇，再不及时中止妊娠将有性命之虞，在这种情况下实施的堕胎不构成堕胎罪。随着日本《优生保护法》的改正，经济方面的原因（贫困）也被加入正当的堕胎理由，因此在日本，堕胎行为能相对容易且合理地执行。

人的生命以出生为开端，以死亡为结束。如今，人类可以通过人工授精、体外受精（试管婴儿）、代孕等方式人为地操纵生命的诞生。是利是弊，我们有必要认真思考。

代孕母亲

在美国，曾发生一件举世瞩目的官司。

一对无法生育的夫妇想要自己的孩子，便向医生求助，医生取二人的受精卵在一位健康女性的子宫内使其发育，这就是所谓的"代孕"。付完合同金后的第十个月，代孕母亲顺利诞下了一名婴儿。按道理说，这个孩子有雇主夫妇的基因，代孕母亲只是暂时借出子宫而已，和孩子没有任何血缘关系。不过毕竟是怀胎十月忍痛生出的孩子，即使在医学上不被承认，但在感情上，代孕母亲并不亚于孩子的血缘父母。

于是，这名代孕母亲不顾白纸黑字的合同，向雇主夫妻索要孩子，更在法庭上主张自己是孩子的亲生母亲，代孕合同等同贩卖人口应当无效。最终，为防止孩子有两个母亲这种混乱情况，法院判决孩子归雇主夫妇所有，但代孕母亲也有探视孩子的权利。

据说，还有一对无法生育的夫妇选择了自己的母亲去代孕孩子。这位已经绝经的女性注射激素，接受子女夫妇的受精卵后再次妊娠，十月怀胎生下了孩子。也就是说，祖母生下了自己的孙子。所以在我看来，这个时代越来越疯狂了。

死亡

死亡，意味着脑、肺、心这人体三大重要脏器永久性地停止运转。近来，"脑死亡"这一概念得到越来越多的认可。顾名思义，人体大脑功能停止，无法再对心脏和肺部下达指令。此时，如果立即安装人工心肺器，利用机器和药物双重驱动，还能勉强暂时维持人体生命，这段期间就被称为脑死亡。两三周后，当身体对机器和药物都毫无反应时就意味着患者即将迎来死亡。

一旦出现脑死亡症状，几乎任何治疗都不再奏效。因为神经细胞与其他细胞不同，无法通过再生来恢复功能，一旦坏死就无法再生。

在脑死亡期间宣告死亡并实施器官移植的话，患者能提供相对新鲜的脏器。在日本，脑死亡与器官移植已经形成法制化规范。如今面对生死，我们人类不再只是听天由命。

活产儿？死产儿？

一般，新生儿出生后啼哭一声，使空气进入肺部扩充后，才有可能呼吸。因此解剖死婴尸体时，如果在显微镜下发现其肺部组织有吸入空气后的肺泡扩张，就可断定婴儿是出生后去世的活产儿。同理，活产儿吞咽功能正常，空气会进入消化系统；而死产儿既无呼吸，也无吞咽功能。

解剖时，将婴儿的肺部、肠胃放入水中。如果肺部浮起，说明尸体为活产儿，下沉即为死产儿。

另外，如果是活产儿的尸体，将其胃、小肠、大肠结扎数段后放入水中，即可看出这些器官里进入了多少空气。正常情况下，胃、小肠上浮则说明婴儿在出生6小时左右后去世；三处器官皆上浮的话，说明婴儿大概存活了12小时（参照图31）。

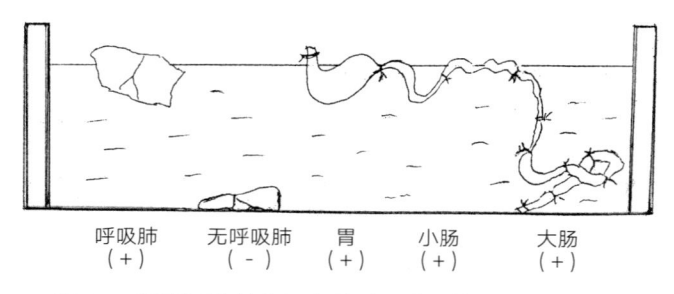

| 呼吸肺 | 无呼吸肺 | 胃 | 小肠 | 大肠 |
| (+) | (-) | (+) | (+) | (+) |

图31　判断活产儿和死产儿时所进行的器官漂浮实验

天堂

尽管已成为一名医生，但我这个医生治不了活人的病，我这个职业是一个专门与死人打交道的奇怪的职业。大概是因为这一点，所以经常有人会问我到底什么是"死"。一般问这种问题的人多是一脸期待，希望我能说出一些特别的概念与感想。

"nothing（无）。"

"哎？"

每当我这样回答，他们都会大吃一惊，有些不满。估计认为我见证了太多死亡，一定能说出什么深奥的道理。对此，我一般会稍加说明。

赶到案发现场验尸时，我总会看到死者身旁围满了一群面带悲伤的人，他们当中有死者的亲人、朋友、邻居。尤其是给一些可爱的孩子验尸时，孩子母亲难以言表的悲伤让我产生一种仿佛自己也痛失爱子的心情。但验尸现场毕竟还有工作等我去处理，我必须迅速地调整心态，不停告诉自己"nothing"，然后再奔赴下一个案发现场。

从20世纪50年代到80年代，我当了30年的法医，检验解剖过2万多具尸体。平成元年（1989年），我刚好60岁，在距离退休还有5年的时候我选择退职，开始了写作。孩子们也已成家，于是我与妻子两人第一次养了一条小狮子狗。因为它总是喜欢在我眼前晃来晃去，我就给它起名"晃晃"。睡觉的时候，晃晃喜欢钻到我的被窝里，仿佛我的孩子一般。我和晃晃亲密无间地度过了15年的岁月，最后眼看着它离开了我。那小小的、白色的身体让我好奇，晃晃会去哪里呢？想到这里，我不禁俯下身子告诉它：

"天堂里有我的爸爸妈妈，他们会对你很好的。晃晃，安心去吧。"

其实，我从来没有想过天堂，也不认为会有天堂，但对晃晃说完之后我才发现自己的矛盾。

脐带

20世纪50年代到60年代，我负责最多的解剖便是脐带还没剪断的遗弃死婴。当时，经常会在蓄粪式厕所的粪缸、公共厕所或是河里发现死婴。

随着时代的变迁，弃婴场所也在不断变化，变成了投币式自动寄存柜、公寓的壁橱深处，等等。但不变的是，都必须进行司法解剖，区分尸体是活产儿还是死产儿。此时，就要观察脐带的断口。不同的断裂方式（用锐器切断、自动断裂等）从某种程度上反映了不同的分娩状态。

最后，我认为人类不可能完美解读生死。死后万事皆空，无人知道彼岸是否存在，人只能活在此岸，活在当下。所以，我们必须对父母赐予的生命常怀感激，全力以赴地活下去。这便是我所理解的生与死。

第二十一讲 中毒篇 其一：推陈出新的毒药

回顾阴谋与权力斗争交织的历史，我们可以看到投毒杀人事件不胜枚举，仅从试毒人这一职业就能看出，人们一直为毒性检测煞费苦心。到了现代，甚至专门成立了司法化学这一学科去检查不明毒性。

伊达骚动

古今中外流传着不少有关毒药的故事。

在日本，成为此类小说、电视剧题材的则是诸侯继承人之间的家督之争。家臣们各自为营，有的拥立嫡长子，有的拥立次子，有的拥立庶子，还有的拥立主公的亲弟，各方势力明争暗斗。因利害关系重大，阴谋诡计自然不可避免。为了不暴露幕后身份，刀光剑影的暗杀早已不是主流，下毒这种手段开始粉墨登场。

说到下毒，最简单的一种就是往食物里投毒，只要不被人看到，就可以做到神不知鬼不觉，即使是女人也可以做到。下毒的御膳从厨房传到主公面前要经过数人之手，换句话说，这就很难查出是在哪一步被下的毒。当时还没有证明毒性的方法，往往难以查出真相。

万治三年（1660年），时值江户幕府统治时期的日本发生了著名的家族内乱——伊达骚动。至今，该事件被改编成众多小说、戏剧。

六十二万石诸侯——奥州仙台藩的主公伊达纲宗陆奥守（官名），因言行不端受到处罚，被迫隐居，年仅两岁的长子龟千代（伊达纲村）继承家督之位，成为新任藩主。纲宗的叔父伊达宗胜兵部少辅为龟千代后见——也就是监护人。但伊达兵部却与家中重臣原田甲斐勾结，试图毒杀幼主取而代之。于是，他们命令御医调制鸩毒，指使御厨在龟千代的早餐中下毒。

负责幼主伙食的用人盐泽丹三郎陷入了迷茫与痛苦，是保护幼主还是听从宗胜的命令。最终，在饭菜被端到龟千代面前的那一瞬间，盐泽丹三郎不顾上下尊卑抢着把下了毒的饭菜一下子吃得干干净净。顿时，他脸色发黑，发出痛苦的呻吟，而后口吐鲜血，气绝身亡。他舍生保护了幼主。

听闻盐泽丹三郎护主而死的消息后，原田甲斐恶人先告状，不由分说地将御医、御厨等人杀人灭口，以此摆出一副忠臣的嘴脸。

这便是伊达骚动的开端。

据说，文中出现的鸩是一种住在中国山中的毒鸟，长相似鹰，羽毛有剧毒，放入酒中饮用能置人于死地。但一般认为，鸩只是神话传说中的动物。

在日本江户时代，人们似乎习惯将各种毒药统称为鸩毒。岩见银山还附带开采砒石。用砒石燃烧后产生的白色烟雾熏过的羽毛，其表面会沾有亚砷酸结晶，浸泡在酒中可制成剧毒，也称鸩毒；乌头作为一种古老的毒药也是广为人知。至于此次毒杀中究竟用的是哪一种就不得而知了。

毒药的区分

说到如何确定是否下毒，中国古代有记录，往死者嘴中塞入几粒米，第二天取出后喂鸡，根据鸡的生死来判断有无下毒。尽管不太准确，但在当时也不失为一种判定标准。除此之外，古代中国还会使用银筷子、安排试毒人等方法防止被人下毒。

所谓毒药，就是即使少量也能伤害人体，甚至致死的物质，又被称为剧药或毒物。毒药根据效果来分类，其使用虽然受到法律的严格限制，但还是被用于自杀和他杀。

一般，死因不明的尸体会在法医学上被视为非自然死亡，需要送去解剖。但如果解剖后发现，既非内因致死（病死），又非外因致死的话，就怀疑是否为中毒死亡，

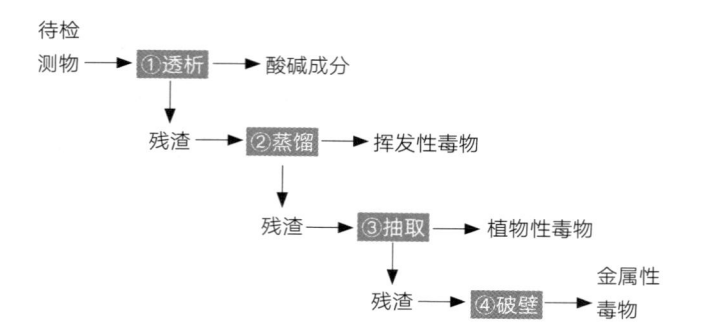

```
待检
测物 ──→ ①透析 ──→ 酸碱成分
            │
            ▼
  残渣 ──→ ②蒸馏 ──→ 挥发性毒物
            │
            ▼
  残渣 ──→ ③抽取 ──→ 植物性毒物
            │
            ▼
  残渣 ──→ ④破壁 ──→ 金属性毒物
```

需要检查死者的血液、肠胃消化物、尿液等物质。但毒药种类繁多，不可能逐一排除，因此确立了司法化学这套体系去系统地检验毒物（参照表7）。

表 7　不明毒物的检查顺序（司法化学）

检测法		检查出的毒物
第一阶段 透析	酸碱成分	硫酸、盐酸、亚硝酸、强碱
第二阶段 蒸馏	挥发性毒物	磷、氰酸、乙醇、福尔马林、石碳酸、苯、石油
第三阶段 抽取	植物性毒物	安眠药、退烧药、吗啡、硝基化合物、生物碱（奎宁、尼古丁、可待因、乌头碱）
第四阶段 破壁	金属性毒物	钡、铅、银、锌、铬、砷、铜、锡、水银、镉

这套流程自然由药物化学专家执行。首先，①透析死者的部分血液、肠胃消化物、尿液等身体物质，根据结果测出酸碱成分；随后，②蒸馏其残渣检测挥发性物质，③再抽取残渣检测植物性毒物；最后，④将残渣破壁后检测金属性毒物。

即便如此，有些毒性成分还是无法测出，这种情况下就必须使用特殊的检查方法了。

很多时候，毒性检查需要经过"法院审判—二次鉴定—二次检测"这一流程,因此正常情况下,检测材料(尸体物质)不必一次性全部使用,一定要为二次检测鉴定留下一部分。

另外,在案发现场需要紧急判断死者为病死还是毒死(氰化物、农药等短时间内致人死亡的毒药)时,可以选择生物试验。做法十分简单,取一张抽纸蘸水弄湿,拧干后在死者口中擦一擦,再放到装有蚂蚁等昆虫的玻璃试瓶中,盖上盖子仔细观察。如果含有毒药,则昆虫马上死亡。倘若没有昆虫,也可以在杯子里加水放一条小鱼观察。这就是法医能在现场做的生物试验,与古代喂鸡吃死者口中的米是一个道理。但归根结底,只能算是一个预备试验,返回后还需要正式的化学检查。

安眠药

曾经有段时间,服用安眠药中毒致死在各种自杀方式中高居榜首。原因很简单,自杀者既可以在睡梦中安详地死去,又可以在街头巷尾的药店里有多少买多少。不久,相关部门发布规定,购买安眠药时必须有正规医师的处方,如此便很难一次性买到致死量的安眠药,自杀人数也大幅度下降。

服用安眠药的人会陷入长时间昏睡，如果及时发现，能够通过治疗抢救回来。如果没被发现直接致死的情况下，尸体眼睑部位有眼屎附着，口鼻处有些许白色泡沫状液体，睑结膜明显水肿。这些症状是由于昏睡过程中长时间处于相同睡姿导致的肺部淤血水肿和血液循环不畅。

由于肺部换气不充分，血液中含氧量减少，颜色变得暗红，这导致尸斑呈紫红色，指甲甲床青紫。有时肺水肿引发的白色泡沫状液体会在呼吸过程中在肺部和口鼻处往返，容易吸入细菌导致肺炎。

日本的安眠药一般一粒为1毫克，服用2~3粒即可入睡，经常服用后会增至5~8粒。致死量约为100毫克，即必须服用100粒，所以服用者同时会喝下大量的水。少量服用者反而会在昏睡中醒来呕吐，呕吐物被吸到气管内窒息而死或引发肺炎死亡。

如果利用安眠药杀人的话，需要让受害者一次性大量服用，这在操作上并不现实。但最近，我们可以看到有些犯人将安眠药加到酒水等饮料中，使受害者昏睡无法反抗后抬进浴缸，伪造成洗浴中的溺水事故。这就属于对安眠药的滥用。但这种情况下，只要解剖尸体，伪造就不攻自破了。

安眠药加酒

一天晚上,某女子拉丈夫一起钓鱼,将提前准备好的安眠药混入酒中,引诱丈夫喝下,并将其从岸边悬崖推下。前来验尸的县警和法医听信了女子的一面之词,将案件断定为溺死事故。但实际上,警方既没有查明死者是否会游泳,又没有检测死者的醉酒程度,更没有调查死者生前有无购买保险,实在是严重失职。

不久,女人从保险公司获得了一大笔保险金。两年后,女人故技重施,害死了自己的儿子。由于两起案件高度雷同,县警进行了细致的搜捕,法医也在尸检后执行了司法解剖。

最终警方查明,两起案件都是女人为了骗取保险金实施的故意杀人,而且女子拿到钱后把钱交给了自己的情夫。

将安眠药混入酒水使人喝下后,即使是女性也能在受害者昏睡无法反抗的情况下轻松杀人。总之,这是一起牵涉到保险金诈骗和出轨的案件。因此在尸检过程中,还需要留意搜查有没有因受害者的死亡而得利的人。

第二十二讲 中毒篇 其二：氰化物、一氧化碳、沙林毒气

在众多氰化物的自杀与杀人事件中，昭和二十三年（1948年）的日本东京帝国银行抢劫案最为知名。如今，此类案件已大幅度减少，但新型中毒事件层出不穷。譬如在密闭空间内，使用炭火盆导致的一氧化碳中毒死亡事件，奥姆真理教实施的沙林毒气事件等。

氰化物

昭和二十三年（1948年）1月26日，一位中年男子走

进了日本帝国银行东京椎名町的分店。他亮出名片，自称是东京都防疫科医学博士，以银行附近地区爆发了集体性赤痢中毒为由，集合了在场的16名员工，要求他们服用预防药。

该男子告知银行员工，药物共分两种：第一种药物与牙齿的牙釉质接触时会有疼痛感，所以要直接吞下；第二种药物则要在一分钟后再服用。他率先示范，拿出一个小瓶，往调羹里滴了几滴药水，吞了下去。

员工见状，也纷纷配合效仿。谁知喝下后不久，几乎所有人都出现恶心呕吐，失去意识。最终16人里有12人死亡。男子趁机从银行直接盗取了16.4万日元的现金和票面为1.7万日元的支票，然后逃走了。

20世纪40年代末，氰化物在日本还未受到严格管制，经常被用于自杀和他杀。如今管制严格，一般人很难得到，所以相关事件已经大幅度减少了。

氰化物进入人体后，一旦被血液吸收，就会迅速抑制细胞的呼吸酶功能，造成红细胞无法交换氧气，人会在窒息状态中快速死亡，即所谓的内因窒息。所以氰化物是一种使人瞬间毙命的剧毒。

氰化物中毒死亡的尸斑

一般，日本的法医学书籍会记载，氰化物中毒死亡的尸斑颜色鲜红。其实，这个说法直接引用了德国的法医学书籍。德国人看到因氰化物气体中毒而死的尸体尸斑为鲜红色，所以才有了这样的结论。

但在日本，绝大部分的氰化物致死事件都是口服氰化物，这种情况下的尸斑多为红褐色。因此一直有人不理解，为何事实与教科书不符。我检查、解剖过很多具氰化物中毒死亡的尸体，曾经有段时间也是百思不得其解。直到有一天，一起案件终于让我明白了其中的差异。

那一次，我检查的是一具用汽水兑服氰化物粉末自杀的尸体。尸斑颜色鲜红。于是，我想了想。

氰化物是碱性，汽水是酸性，两者一起喝下后，在胃中产生化学反应，生成大量剧毒气体氰化氢并从口中排出。自杀者吸入这种毒性气体后，细胞内的呼吸酶运转受阻，体内血液就会一直以动脉血循环，所以尸斑颜色为鲜红色。这与呼吸系统中咳出的血液颜色鲜红原因是一样的。

相比之下，用水直接吞服氰化物后，胃中产生的毒性气体较少，氰化物多被消化系统吸收。又因为消化系统属于静脉血，其中的细胞呼吸酶受阻，经过身体循环后，血液和尸斑自然呈现红褐色。这与消化系统出血为暗红色的原因是一样的。

是以气体形式被呼吸系统吸收？还是以粉末的形式被消化系统吸收？即使是同一种毒药，也会因为这种差别导致尸体血液颜色的不同。

氰化物胶囊

曾经不方便服用的药剂是用糯米纸包裹后服用的，现在则改为胶囊。但这也为犯罪提供了方便。

由于氰化物毒性猛烈，有很强的刺激性，入口后容易马上发现异常，所以逐渐有人把它封入胶囊内去下毒杀人。

解剖此种尸体后能发现，原本苍白的胃黏膜变得鲜红糜烂（有时会被误诊为死后的自然变化），并且产生了肉眼无法看到的氰化物气体，有时主刀法医吸入后会感到轻微头疼，马上就能察觉。但实际上，有越来越多的医生没有解剖经验，即使解剖过尸体，也常常忽视了氰化物气体的存在。

有一种简单的测定方法。将试纸靠近尸体的测试部位，如果马上变成蓝色，即为阳性，说明含有氰化物；如果五六分钟后试纸只是变成淡蓝色，则说明没有氰化物。但这种方法终究只是权宜之计，出现阳性后还必须进行进一步的检测才能断定结果。

曾经有一位70多岁的男性在骑摩托车时摔倒，虽然被送到医院抢救，但还是不治身亡。死者身上没有外伤，事故当时也没有目击者，因此警方将其作为单独事故进行处理。但司法解剖的结果显示，死者无外伤无病变，属于致死性心律失常（病死）。

事件发生2年后，一位75岁的男子与67岁的女性K婚后不久，突然死在了自己家里。警方推测为病死，但了解到死者生前身体健康，便申请了司法解剖。结果发现，男子死于氰化物中毒，而且凶手就是他的妻子K。

此时，县警回想起了2年前死于摩托车事故的男子生前也与K关系要好，不禁心生怀疑。于是，又仔细调查了保留在大学里的死者的血液与脏器，这次检测出了氰化物。原来，2年前的那个男人也死于氰化物中毒，不是病死。负责解剖的法医误判了！

为什么会出现这种情况呢？第一点我在前文说过，有很多医生没有解剖过氰化物中毒致死的尸体；第二点，警方有可能一开始就断定为交通事故，犯了先入为主的错误。

从K的供词中得知，2年前死去的男子在事故发生30分钟之前，K将氰化物谎称营养胶囊给他服下。随后，男子在骑摩托车行驶约2千米的地方倒下了。胶囊延迟了药效的发挥，拉开了时间和距离，也掩盖了K的罪行。

像这样的案件还有很多，毒药推陈出新，必须严加防范。

一氧化碳

过去，家家户户使用的燃料以煤气为主，所以不少自杀的人选择吸入煤气，因一氧化碳中毒而死。

煤气中含有氢、甲烷、一氧化碳等物质。一氧化碳与血红蛋白的亲和力比氧与血红蛋白的亲和力高200~300倍，且一氧化碳极易与血红蛋白结合，形成碳氧血红蛋白，使死者的血液和尸斑呈现鲜红色。这也是一氧化碳中毒死亡的尸体的特征之一。

一氧化碳中毒初期，人会感到头痛、头晕、恶心，还会出现呕吐、脉搏加速、呼吸急促等症状，症状逐渐加重则出现精神错乱、四肢无力、昏睡，以至死亡（参照图32、第六讲和第八讲）。

近年，家用燃气已经升级为天然气，使用液化石油气（含有丙烷、丁烷等成分）的家庭也变得越来越多。燃气重于空气，泄漏后积聚在房间下方，容易使人缺氧而死，也引发火灾。

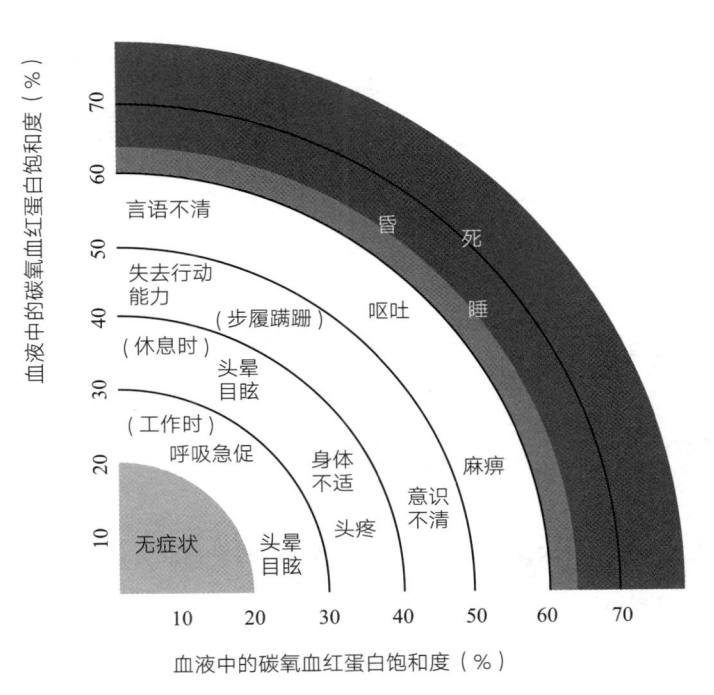

图 32　碳氧血红蛋白饱和度与中毒状况之间的关系

煤气与液化石油气

一位中年女性在客厅里打开燃气阀门自杀了。但尸检后发现，其尸斑为紫红色，并非一氧化碳中毒所特有的鲜红色，且面部略带淤血，睑结膜上出现几处小米粒大小的溢血点，颈部皮下出血，淡红色的勒痕隐约可见。

凭着这些线索，毫不费力地就解决了此案件。虽然室内燃气（液化石油气）泄漏，但时值夏季，天气炎热，室内窗户处于半开状态，空气流通正常，不可能是中毒而死。原来，凶手是一名为情杀人的年轻女子。她将中年女性灌醉后，用毛巾将其勒死，再把现场伪造成煤气中毒的样子。但该年轻女子由于不了解煤气和天然气的区别而落网。

蜂窝煤

在室内使用火盆时，燃烧的蜂窝煤会释放大量一氧化碳气体，不注意通风的话，非常容易中毒。

在车内燃烧蜂窝煤或将机动车尾气引入车内，这些也是常见的自杀、他杀手段。遇到这样的案件，不仅要检查尸体血液中的一氧化碳情况，同时还要检查酒精、安眠药等成分。

有机磷化合物（沙林毒气、农药等）

最著名的有机磷化合物莫过于德国发明的一种化学武器——沙林毒气。第二次世界大战后，有机磷化合物被改良成对硫磷等物质，经常以乳状液、粉末、水合剂的形式在市场上贩卖。

曾经，有机磷杀虫剂因惊人的效果而被大量使用，但这种杀虫剂经皮肤、口腔、呼吸道都能被人体吸收，杀虫的同时对人体危害极大。如今，部分高毒性有机磷杀虫剂已经停产。

有机磷化合物一旦进入体内，即使少量也会引起头晕、头痛、腹痛、多汗、流泪、流涕、流涎等副交感神经兴奋的症状；毒性较强时，除上述症状外，还会出现脉搏减速、心动过缓、血压下降、肌力减弱或肌麻痹、呼吸中枢麻痹、瞳孔缩小等症状，直至死亡。一般情况下，人死后由于神经系统失效，瞳孔扩大。但只有在有机磷农药中毒时，人会因副交感神经兴奋而猝死，死者的瞳孔反而会缩小。这一点与其他死因的特征有明显不同。

农药杀人事件

某镇郊外有一间屋子，来往的商人们喜欢坐在屋前的走廊上吃饭，住在这屋子的主妇也经常给他们送点腌菜和茶水。

一天，一位商人吃了主妇送来的东西不久后突然发疯，看样子十分痛苦，便被送去了医院接受治疗，但还是没能救活。死因被诊断为脑出血。同样的事情在一个月之内多次发生，已经有三名商人在那间屋子的走廊上暴毙。第三位商人的死亡终于引起了县警的怀疑，他们将其作为非正常死亡展开调查。

一番审问之下，主妇终于坦白了自己的罪行。这个女人把农药加到给商人吃的食物中，待毒发身亡后，拿走他们的钱财，再向医生报告。

由此可见，负责尸检的医生在检查尸体情况时根本没有查看死者的瞳孔。因为尸体的瞳孔缩小，几乎可以确定是有机磷中毒。就算医生不知道这一点，也不可能无视瞳孔缩小这一尸体异常吧。

沙林事件

平成六年（1994年）6月27日，约600名松本市居民突然感到头疼、视力不清、呼吸困难，其中8人死亡。

平成七年（1995年）3月20日，早晨上班高峰期间，东京地铁在经过霞关站时，突然有人在车内释放沙林毒气，整个事件共造成5500多人受伤、1036人住院、12人死亡。

这两起事件都是由奥姆真理教一手策划的沙林事件。他们制造毒药，在公共场所实施无差别杀害。

除草剂

误服有机磷除草剂后，会出现口腔糜烂、呕吐、腹痛等症状，伤及消化系统。两三天后，出现少尿、肾功能不全、黄疸等症状，大脑血管周围开始少量出血，若不及时治疗4~5天后死亡。

可见，服下除草剂后，基本上不会立刻致死。

第二十三讲 中毒篇 其三：酒为百药之长？

酒虽能怡情助兴，但也会是一味毒药。且不说混入安眠药成为杀人的工具，长期酗酒已经成为心脏萎缩导致的酒精性心肌病的主要原因。平时不太喝酒的人也需要注意。

酒量好与酒量差

酒被人称为百药之长，但不健康的饮酒习惯也能让酒成为毒药。

实际上，酒量的好坏本质上取决于遗传。来自细胞线粒体的乙醛脱氢酶能够代谢酒精，酒量差的人乙醛脱氢酶活性低，肝脏无法分解过量酒精，乙醛进入血液使人出现醉酒症状。这种人一旦饮酒过度，容易在酒精的直接作用下出现急性酒精中毒，严重者可致死亡。反之，酒量好的人乙醛脱氢酶活性较高，肝脏能够将酒精先分解成乙醛，再分解成乙酸和水，因此不会醉酒。

但学会喝酒的人如果长年累月每天饮酒500毫升以上的话，会患上脂肪肝、慢性酒精中毒、酒精依赖症等疾病。此时，及时戒酒治疗还能够痊愈；执迷不悟继续酗酒则会病变为肝硬化，肝组织出现瘢痕，最终成为无法治愈的病症（参照图33）。

肝硬化患者，其流经肝脏的消化系统血管长期受到压迫，血流不畅，血液会大量拥挤到较细的食道静脉。如此一来，通过横膈膜的部位受到挤压变窄，久而久之形成食管静脉瘤。一旦破裂，会出现大吐血症状，危及生命。这也是肝硬化的常见症状。

肝功能正常的情况下，男性体内分泌的雌性激素能被分解。但患上肝硬化后，由于无法正常分解，男性体内的雌性激素会有所增加，导致睾丸萎缩乃至性功能受损，生殖功能下降；除此之外，还会出现乳房增大、骨质疏松、

饮酒

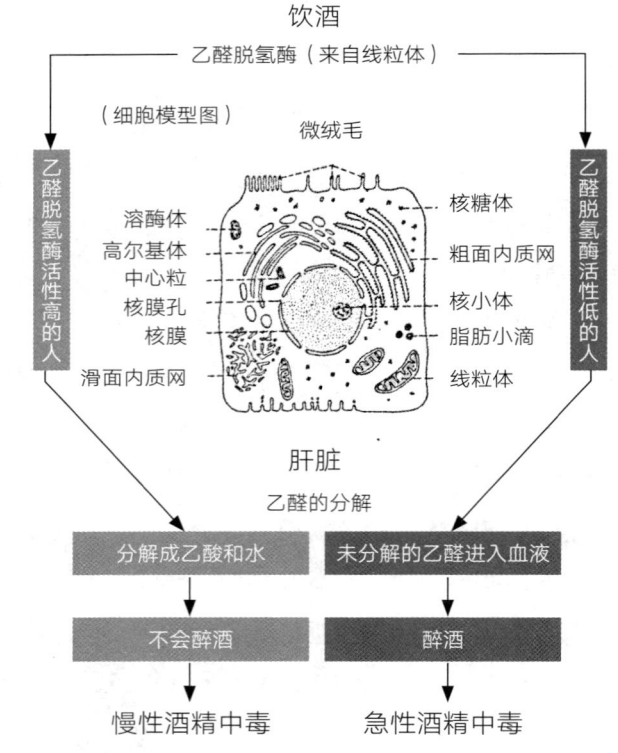

乙醛脱氢酶（来自线粒体）

（细胞模型图）

乙醛脱氢酶活性高的人 ← | 微绒毛 溶酶体 高尔基体 中心粒 核膜孔 核膜 滑面内质网 核糖体 粗面内质网 核小体 脂肪小滴 线粒体 | → 乙醛脱氢酶活性低的人

肝脏

乙醛的分解

| 分解成乙酸和水 | 未分解的乙醛进入血液 |

| 不会醉酒 | 醉酒 |

慢性酒精中毒　　急性酒精中毒

除上述内容外，乙醇对人脑的作用有强有弱，这一点也需考虑。

图33　酒量好与酒量差

酒精性心肌病等并发症，多数患者在50岁左右就会死亡。

所以我建议，即使再怎么贪杯，也不要每天喝酒，可以适当中断几日让肝脏休息休息，以避免脂肪肝。

贪杯看似是个小毛病，但如果长期酗酒患上酒精依赖症，就会一日不喝浑身难受，祸及家人。有不少劝丈夫戒酒的已婚女性，因丈夫戒酒无果，反而受到了家庭暴力的伤害。

爱耍酒疯的丈夫

东京的某年夏天，一男子回家后从冰箱里取出一瓶啤酒倒在杯子里，一饮而尽。"啊——"男子满意地长吁一声。但随后突然倒地不起。妻子见情况不妙，立即叫来救护车，将意识模糊的丈夫送进了医院。

"患者平时情况如何？"

医生一边向陪同抢救的妻子询问情况，一边将听诊器放在了男子胸口。

"他平时就有高血压，一直找附近的医院看病，药也没有停。还喜欢喝酒，我一直劝他戒了。今天太热了，他好像喝了一瓶凉啤酒。"

"情况我已经知道了。但十分遗憾，还是送来晚了，您丈夫已经去世了。"

"什么？！"

女子大吃一惊，摸了摸丈夫的额头和双手，一脸慌张地请求道：

"他还有体温！请您无论如何救救他！"

于是，医生给男子注射了一剂强心针，又尝试心脏按压，仍然没有唤醒男子。医生说道：

"您丈夫来医院的时候已经去世了。他是第一次来我们医院，我们对他的死因没有任何头绪，应该以非正常死亡处理，必须联系警察。"

"死因不是脑出血吗？他有高血压，经常吃药，一定是脑出血。就不用联系警察了吧。"

女子恳求医生，但最终男人的死还是被认定为非正常死亡。

在警方的陪同下，法医执行了尸检。警方的调查结果也证明了女子所言不假，男子确实像是脑出血病死的。但法医却认为，仅靠尸检还无法明确死因，建议执行行政解剖。

第二天，法医在监察医务院里解剖了男子的尸体。见男子的胃黏膜发红糜烂，马上用试纸做了氰化物检测，结果呈阳性。又马上请化学实验室对男子的肠胃消化物和血液做了氰化物检测。

确切无疑！男子消化系统中含有氰化物。知道结果后，检测员立马将消息告诉了当天负责解剖的法医。随后，法医也将男子死于氰化物的消息告诉了警方。

几天后，警方根据法医提供的信息，准备直接去死者家中重新调查一遍。开门后，只见七八个男的聚在一起喝酒喝得正欢，原来是死者的熟人、朋友聚在一起喝酒悼念。

警察请他们离开后，没收了房间里的酒瓶、酒杯，做了氰化物检测，最终从一个空酒瓶里查出了阳性反应。

面对警察的严厉审问，死者的妻子坦白了自己的罪行。原来，死者生前患有酒精依赖症，醉酒后经常对妻子拳脚相向，妻子为了报复往啤酒里加了氰化物粉末。"多亏"男子倒下前喝完了这杯啤酒，即使有少量残留都有可能多一人死亡。

最终，此次案件被定性为杀人案件。往人们常喝的酒水里下毒，这种卑鄙的做法令人愤慨。

酒精与心脏

1965年，我研究了酒精依赖症对心肌的影响，有了一些有趣的发现。

一个从年轻开始就不怎么喝酒的人，年老后心脏容易肥大，一旦冠状动脉出现硬化，心脏血流受阻，极易出现心肌梗死。反之，年轻时就开始酗酒且几乎每天都喝500毫升的人，年老后理应肥大的心脏却开始萎缩，冠状动脉出现弯曲。也就是说，常年酗酒下的心脏，其冠状动脉既没有硬化，心脏血流也没有受阻，但还是会因为心肌缺氧而萎缩。我发现了这种奇怪现象。

明明没有冠状动脉硬化，为何会出现这样的现象呢？思考良久，我得出这样的答案：常年酗酒导致的酒精依赖症，会使冠状动脉的血管壁出现严重水肿，血液中的氧气与养分无法输送到心肌组织。换句话说，血管壁的水肿产生了与动脉硬化一样的影响。这也是引发酒精性心肌病的重要原因（参照图34）。

年轻人　　　　　　　　　　老年人

不太饮酒的人
缺血性心肌病
心脏扩大
冠状动脉硬化
心肌缺氧

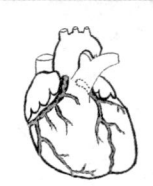

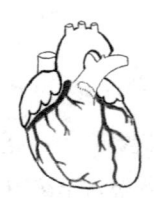

常年酗酒者
酒精性心肌病
心脏扩大→心脏萎缩
冠状动脉弯曲扩张
无动脉硬化
冠状动脉血管壁水肿
心肌缺氧

图34　酒精摄入引起的心脏疾病

总之，适量饮酒能让酒成为百药之长，过量则会变成毒药。这一点应该时刻铭记。

四护士恶性杀人事件

不管是在法律层面还是常识层面，饮酒驾驶都是不被允许的恶行。

血液中的酒精浓度与症状如表8所示。饮酒后，每呼出一升气体，酒精含量高于0.15毫升即被视为违法。法医实验也显示，即使只有一丁点醉意，也会使人在加速和方向盘操作上容易疏忽大意，提高了事故发生的风险，所以

表8 血液中酒精浓度与其症状

醉酒程度	每毫升血液中酒精浓度（毫克）	症状
弱度	0.5~1.0	微醉，面色发红、出汗、尿量增加、血压和体温轻度上升
轻度	1.0~1.5	愉悦状态，面色愈加红润，出现多话多动现象，手指颤抖，基本保持清醒状态
中度	1.5~2.5	兴奋状态，出现麻痹症状，有时会出现面色苍白、身体失调、步履蹒跚、言语不清、易激动等情况，或哭或笑；体温和血压下降，呼吸急促，肺活量减少，眼球震颤

续表

醉酒程度	每毫升血液中酒精浓度（毫克）	症状
重度	2.5~3.5	麻痹状态，面色惨白，出冷汗、恶心、呕吐，失去行动能力，意识模糊，容易陷入昏睡；瞳孔扩大，对光线反应迟钝；呼吸深且徐缓，血压和体温进一步下降
死亡危险	3.5~5.0	昏睡状态，呼吸困难，出现急性心脏衰竭，甚至死亡

注意：实际上，每个人的个人体质、饮酒时间、酒水种类、饮酒量、饮酒速度以及当时的身体状态各有不同，血液中酒精浓度并非总是与表格一致处于同一状态；即使与表格一致处于同一状态，还会由于各种具体情况而出现不同的醉酒程度。

开车一定要滴酒不沾。

　　与饮酒相关的犯罪也时常发生。比如有罪犯往受害者的酒水中加入安眠药，待其昏迷无法反抗后再实施犯罪。

　　曾经有四名护士用自己掌握的医学知识，犯下了前所未有的恶性杀人事件。四人中，有两名护士已婚未孕，与丈夫分居，她们建议给丈夫上保险后实施杀害。四人商量好后，便给其中一人的丈夫喝了加有安眠药的啤酒，待其昏睡后又把医用软管插到男人胃里，灌了整整一瓶威士忌，想让他死于急性酒精中毒。但一瓶灌下去后，酒量好的男人只是烂醉如泥，远不至于死亡。四人见状，又往他的静脉里注射空气。不久男人症状恶化，被送到医院治疗但还是不治身亡。虽然事发地区不执行法医制度，但被定性为非自然死亡死者还是接受了尸检。

四名护士向警察和法医说明了男人饮酒过度、陷入昏迷、医院拼命治疗的过程。据说，当时的法医以死因不明为由，对尸体进行了CT扫描，已经发现死者脑血管中含有空气。但最终还是诊断为过量饮酒导致的急性心力衰竭。四人就这样按照计划得到了一笔保险金。

一年后，其中一名护士建议其他三人，把另外一个已婚护士的丈夫给杀了。于是，四人故技重施。但这一次的男人也只是陷入昏睡。有了上次的静脉空气注射的前车之鉴，她们这一次改为静脉注水。同样，男人症状恶化后被送往医院。因为一身酒气，医生诊断男人死于误咽性肺炎。四人又和上次一样拿到了保险金。

三年后，四人因保险金分赃不均产生争执，案件全貌由此浮出水面——四名护士往酒水中加入安眠药使受害者无法反抗，利用医疗技术实施了两场犯罪。

救死扶伤本是医护人员的使命，所以对恶意使用医疗技术的犯罪必须零容忍。

第二十四讲 中毒篇 其四：砒霜、强酸强碱、乌头、毒品……

平成十年（1998年）7月25日，发生了一起轰动日本的大事件。在某地方的夏日祭上，陆续出现食用咖喱后恶心、腹痛、呕吐、腹泻的市民，甚至有4人死亡。有人怀疑是食物中毒，有人怀疑是氰化物中毒，结果查出竟是砒霜！这就是和歌山毒咖喱事件。

砒霜

砒霜无色无味，长期少量服用会在不知不觉中身体衰弱,似病非病以至死亡。砒霜有时还会引发肠胃疾病、多发性神经炎、下肢麻痹、皮肤色素沉着等症状,因此它作为毒药杀人于无形,自古以来就被称作"毒药之王",令人谈之色变。

一次性服用大量砒霜后,患者会反复腹痛、呕吐、腹泻,进入脱水状态,血压下降,四肢麻痹、谵妄,从而引起痉挛直至死亡。进入人体后的砒霜主要积攒在肝脏、指甲和毛发等部位,部分会随粪便和尿液排出体外。

如今,砒霜的使用在法律上有严格限制。

和歌山毒咖喱事件

平成十年7月25日,日本和歌山市部分地区举行了夏日祭。主妇们聚在一起准备了咖喱饭当晚餐,还在空地上搭起了帐篷,等待市民们6点钟前来品尝。吃完咖喱饭后不久,不少人出现恶心、腹痛、呕吐、腹泻等症状,有67人被救护车送往医院,被判定为食物中毒接受治疗。第二天,4人死亡。

一般食物中毒反应没有这么快。县警进行了氰化物检测,结果呈阳性,于是公布案件为氰化物中毒,患者的治疗方案也改为氰化物中毒。

4名死者的尸体均接受了司法解剖，死因也被公布为氰化物中毒。不久，我以讲解员的身份与电视台工作人员一同进入现场。案发当时，在这片搭着帐篷的空地上，有不少吃了咖喱的人呕吐，因此我开始观察附近地面。本以为会发现蚂蚁、苍蝇等昆虫的尸体，但实际上一只也没有。这一切告诉我死因不是氰化物中毒。但一想到负责解剖的大学应该不可能弄错，便在电视节目中隐瞒了这处发现。

但不久，住院患者身上开始出疹子，手脚麻痹，红细胞、白细胞、血小板数量减少。

这完全不属于瞬间中毒的氰化物所造成的症状！正当我百思不得其解时，警方在一周后拿出了隶属于警察厅的科学警察研究所的分析结果，他们从尸体中找到了砒霜成分。从食物中毒到氰化物中毒再到砒霜中毒，死因一变再变，在警方、医院和民众之间引起轩然大波。

氰化物测验试纸放置在空气中五六分钟后颜色变绿，就会由阴性变为阳性（参照第二十二讲），很有可能有人因此误判成氰化物中毒了。

犯罪嫌疑人虽被逮捕，但因为没有及时确定死因导致

4人死亡，近70人接受治疗。这种错误绝对不能再犯第二次了。

强酸强碱（腐蚀性毒物）

有些毒物接触人体后会产生强烈腐蚀性，如盐酸、硫酸等强酸，以及强碱。这些物质被广泛应用于工业之中，一般很容易得到。

关于强酸强碱的自杀与意外伤害不在少数，用强酸强碱毁人容貌的犯罪也时有发生。

强酸强碱刺激性较强，具有腐蚀性，难以口服。但服用后会导致剧痛、呕吐、胃肠黏膜糜烂、胃穿孔等症状，令人痛不欲生。随后，会出现呼吸困难、脉搏加速、皮肤和黏膜呈青紫色、虚脱昏迷等症状，2小时之后死亡。抢救措施多为用中和液清洗。

硫化氢

硫化氢是一种无机化合物，是由含有硫黄的有机物分解后产生的一种剧毒气体，气味如臭蛋，比空气重，易溶于水。

下水道、温泉等地容易发生硫化氢中毒。中毒后，患者会出现头疼、心跳加速、血压降低、意识不清、痉挛、呼吸麻痹等症状，甚至死亡。血液中还会产生硫化高铁血红蛋白，因此尸斑呈紫红色。

乌头

乌头是一种含有剧毒的植物，主要成分为乌头碱。它与吗啡、可卡因一样都属于有毒生物碱，能入侵人体中枢神经，使人失去意识，并伴有皮肤和胃部的烧灼感、痉挛、呼吸困难等症状，最终使人窒息死亡。

乌头在日本江户时代又被称为"附子"，多被用于暗杀。直到20世纪才为氰化物所取代。但自从昭和六十一年（1986年）的乌头毒杀事件以来，又多次发生了类似事件。

乌头事件

昭和六十一年，一对夫妇在冲绳旅行中，妻子突然去世。人在猝死后，除了尸检还必须接受解剖。法医一开始认为是病死，对死者的血液、胃肠消化物、尿液做了毒性检查后发现阳性反应，但还不知道是哪一种毒物。

专家们经过长时间检测后终于确定为乌头中毒，而且还查出河豚毒素。这两者都是短时间内就能致命的剧毒，看来的确是有人想置她于死地。但调查后又发现，死者从服下毒药到毒发而死，中间有2小时左右的时间，这明显不符合常理。因为间隔时间越长就越难确定犯罪效果。凶手可能使用的是胶囊毒药，但即使如此，也不可能在受害者体内停留2小时后再发挥药效。

负责尸检的大学法医学医师将乌头与河豚毒素混合后在动物身上做了实验，意外地发现这两种迅速发作的毒药竟然相克，能够推迟毒性发作的时间。

根据这一线索，警方很快找到死者的丈夫进行审讯。男子一直主张自己无罪，但最终还是因实验法医结果鉴定被判了无期徒刑。听说他在服刑期间病死在了监狱。

毒品

毒品一般分为四种：罂粟类，如鸦片、吗啡、海洛因、可待因等；可卡因，大麻，以及化学合成毒品。

摄入过量毒品后，会导致人体反射消失、呼吸麻痹等症状，直至死亡。不过在医疗方面，适量使用一些毒品具有镇痛、止咳等功效。滥用毒品容易令人陷入幻觉，产生依赖。毒品成分多会随尿液排出体外，通过尿检便可确定。

兴奋剂

兴奋剂最初的目的是提神醒脑，多用于提高体育选手的运动状态，具有消除疲劳、提高士气之作用。但随着滥用兴奋剂的普通人增多，人们对兴奋剂的危害了解得愈加深入，兴奋剂已被列为违禁物品。

一旦产生依赖，慢性中毒，就容易出现幻觉、幻听、被害妄想等症状，甚至由此引发杀人事件。兴奋剂的代谢产物也会随尿液被排出体外，一般持续一周左右。

深川连续杀人事件

昭和五十六年（1981年）6月，北海道深川地区发生了一起连续杀人事件。犯罪嫌疑人妄想街上的路人都来攻击自己,抱着先发制人的念头,他拿着菜刀,在街上接连杀害了四名路人。后查明此人为兴奋剂慢性中毒,导致了被害妄想。

稀释剂

稀释剂多为无色透明、具有挥发性和毒性的有机溶液,经常用于溶解颜料。

稀释剂之所以作为一种毒品在日本流行,是因为服刑期间的犯人使用稀释剂。他们用毛巾吸收稀释剂,私下用口鼻接触这些挥发性液体,以此来代替酒精。稀释液中毒后,最初会出现咽喉疼痛、呕吐、头疼等症状,但随之而来的精神麻痹又会给他们带来快感和安慰。稀释剂由此蔓延到社会上。

LSD(强效致幻剂)

除致幻作用外,还会使人不安、恐惧、恍惚,从而引发犯罪,早已被法律禁止。

河豚毒素

河豚的卵巢和肝脏含有的河豚毒素，进入人体后会导致手脚麻痹、呼吸困难，以至死亡。

专栏 ❸
杀手的目的只有一个

某天,一女子深夜回家,进屋后发现阳台半开的门上挂着绳子,自己的丈夫上吊了。女子见状立即联系了救护车,但最终丈夫还是不治身亡。县警验尸后判定为上吊自杀。

女子是一名陪酒女,与四名常客关系很好。警方在暗中经过细致调查发现,女子与她的四名常客有重大嫌疑,他们很有可能盯上了死者的保险金而将凶杀伪装成自杀。

2年后,警方终于逮捕了女子与四名常客。原来,该女子与丈夫关系不和,找来四名常客商量。深夜,几人合谋袭击了熟睡中的丈夫,强行按住他反抗的身体,又将提前准备好的绳子套在他的脖子上,勒死后伪装成上吊自杀。

事后不出所料,女子得到了一亿几千万日元的保险赔偿,给了四名常客几千万日元报酬。但随后，四人开始敲起了竹杠，手上的钱花完了就找女子索要，动辄以曝光真相去要挟她。于是，女子便躲了起来。

知道事情的经过，我又回想起了死者遇害现场的状况。在半开的门上挂绳子自杀，绳子很容易滑落，很不稳定。一个决心赴死之人，一般会选择确保能杀死自己的方法，比如在房梁上固定绳子自杀。再者，173厘米的男子在180厘米高的大门上上吊，绷着脚尖应该能勉强够到地面。真想自杀的人不会选择这种方法。

负责现场调查的警察一定也会觉得这一点很奇怪吧。不过，当时情况不明，贸然给事件定性很有可能打草惊蛇，所以才先宣称上吊自杀，再静观其变。当然，这些也只是我的推测。总之，真相大白，案件解决了。

同类事件给我们的启示

作为一名法医，不仅需要仔细观察尸体，还

需要观察现场的状况，调查案件背后的来龙去脉。

比如死者生前上了能获得保险金的人寿保险。在第十一讲，我提到了一位死在澳大利亚凯恩斯市的年轻女子。事件发生后，她的丈夫就立马申请保险赔偿。结果，男子得知我的意见书内容后躲到了国外，音信全无。因为案发场所在国外，日本警察自然是鞭长莫及，更无法直接逮捕，成了一起无法解决的命案。

实际上，这起事件之后还有后续。案件结果在电视台一公布，就又有警察来找我询问意见。当时，警方觉得案件疑点重重，苦于没有确凿的证据而毫无进展。但在电视上看到类似案件的处理，觉得顿时有了希望。我也接受了两名刑警的访问。

他们负责的也是一起夫妻间的命案。丈夫出轨后，夫妻二人一直争吵不断。终于有一天，丈夫向她道歉，两人重归于好后，他邀请喜欢游泳的妻子去海边游玩。在水中畅游一番后，男人突然发现妻子面部朝下，漂在浅滩的海面上，便立马叫来了救护车。女子被送到医院后接受抢救。一天半后,女子还是在昏迷中离开了人世。

警方随即执行了司法解剖。但该女子的胃部和肺部插满了排水软管,就算实施解剖在肺里也找不到任何线索了。医院以长时间呼吸困难为由,诊断死因为低氧性脑病,属于意外溺水事故。但医院的救援队又告诉警方,他们用导管从死者口鼻处导出水分时,发现水中混有少量沙粒。医院的病例中也有相同的记载。

前来拜访的刑警想参考我的意见去重新解决这件案子。按照我的说法,如果是在浅滩溺死,沙粒不可能进入气管和肺部;一旦发现沙粒,则说明不是单纯的溺死事故,死者遇害前很有可能在浅滩被人按住后脑勺压在水底。于是,我的这个观点又一次原封不同地被写在了证据文件上。

几个月后,死者的丈夫被捕。虽然他始终保持沉默,但警方还是查明,他向妻子道歉后不久,两人一起上了人寿保险。不得不说,丈夫很有可能是杀人后伪造成遇难。

活人能说谎,但死人不会。因为他们在死亡之时,已经将真相铭刻在了尸体之上。而读取这些真相的正是法医。

第二十五讲 猝死篇：平时身体健康的人突然死亡

> 房事猝死俗称"腹上死"。对此，我曾经从统计学的角度作过分析。一般死者中男多女少，男性死因多为缺血性心肌病，女性死因多为蛛网膜下腔出血，而且外遇之间的猝死多于夫妻……我将在本章为读者讲解各种内因性猝死。

内因性猝死

有不少人表面上看起来健健康康、生龙活虎，有一天却突然死了。这种原因不明的突发性死亡自然属于非正常死亡。而非正常死亡在东京法医制度中已经形成一种惯例，必须接受法医尸检，尸检后仍死因不明者则执行行政解剖。

这种突发性死亡大部分属于病死，又被称为"猝死"。其中，死于缺血性心肌病（心肌梗死等症状）居多，有六七成；脑血管疾病（脑出血、蛛网膜下腔出血等）占两三成；除此之外，还有呼吸系统、消化系统等其他疾病，比例依次减小。

平时身体健康，但工作忙碌无暇关顾自己的身体状况，此类人群中猝死者较多，他们会在不知不觉中患上动脉硬化，基本上很少有人察觉。

房事猝死

平时在床上生龙活虎的人死在了床上，这也属于非正常死亡。这种情况一般被称为"腹上死"，解剖尸体后会发现，男性死因多为缺血性心肌病，女性死因多为蛛网膜下腔出血。

"腹上死"只是民间的说法，反映了疾病的症状，并不是什么死因或疾病的名称。死因或正式的疾病名称应该是心肌梗死或蛛网膜下腔出血之类的表达。

昭和三十五年（1960年），刚刚成为法医的我连续解剖过好几具房事中猝死的尸体。那是我第一次注意到，除了激烈的体育运动或在生活中赶电车、爬楼梯，还有性交猝死这种情况，于是我试着调查了一下。

世界上最早的法医学著作《洗冤集录》成书于1247年，作者是中国宋朝时期的法医宋慈。而同时期的日本还处于镰仓幕府时代，实在令人惊讶。这本书就提到了"作过死"。书中记载：

凡男子作过太多，精气耗尽，脱死于妇人身上者，真伪不可不察。真则阳不衰，伪者则痿。

身为日本人虽然不会读，但明白大概的意思：男子过度的性行为可能会用尽身体的精气，死在妇人身上。此时必须查明事情的真伪。如果阳具依然勃起没有疲软，则为真；如果萎缩，则为假。

以上内容就被记录为"作过死"。但是读过之后，我无法完全赞同这种观点。首先，年轻男子虽然容易房事过度，但因此致死的人却少之又少。其次，"真则阳不衰，伪者则痿"这种说法也有问题，因为人死后，随着神经系统停止运转，没有血液供应之后的阴茎一般都会疲软，甚至萎缩。

另外，我们还可以从这本书中看到相关词语的来源。比如中国东北地区称作过死为"脱阳死"，而朝鲜半岛地区称为"腹上死"，所以日本的说法很可能是从朝鲜半岛传来的。

据说，中国台湾地区流行"上马风"和"下马风"两种说法，前者暗指房事中猝死，后者暗指房事后猝死，两者统称为"色风"。这些说法既能让人明白意思，又不失委婉优雅。相比之下，日本的"腹上死"从字面上看，只能理解成"上马风"的意思，但实际上应该也包括了"下马风"；而暗指房事中女性死亡的"腹下死"则让人不知所云。

从1959年1月到1963年5月，这将近4年半的时间里，东京都地区共出现了24665具非自然死亡尸体，其中接受过行政解剖的猝死者尸体共有5559具。我立足于"色风"这一概念，从这5559具尸体中筛选了34具房事猝死的尸体，尝试从统计学的角度进行观察。昭和三十八年（1963

年)7月,我把观察结果整理成论文在日本法医学会进行了发表。这次尝试也是世界首例,因此很多国家的学者联系我要论文,我随后也将论文翻译成英文,提供给了他们。

这篇论文还刊登在了一些周刊杂志上。当然,与严肃的学术论文不同,内容上改成了更加符合大众口味的趣味报道。

论文梗概如下:

①房事猝死中,男性多于女性;

②男性死因多为缺血性心肌病,女性死因多为蛛网膜下腔出血;

③事发时节多为春季;

④事发地点多为情侣酒店(当时的住房情况与现在不同);

⑤事发双方多为不正当关系;

⑥男女年龄差距较大;

⑦从性交至死亡的时间段来看,因心脏原因猝死的一般出现在性交过程中、性交后30分钟至1小时以内以及入睡后不久;蛛网膜下腔出血出现在性交过程中,短时间内致人死亡;脑出血也出现在性交过程中,病发数日后死亡。

随着时代的变化，我们的生活环境也发生了巨大改变。当年的房事猝死情况与现在可能有所不同。那篇论文之后，再也没有人发表过相关内容，不得不说是一大遗憾。

在房事猝死的预防措施方面，首先需要关注的就是动脉硬化这种潜在疾病。年龄越大，发病的可能性越高，很多人不知不觉中患上了动脉硬化（参照图35），从而进一步导致心肌梗死、心脏肥大、高血压等疾病；大脑动脉硬化经常导致脑出血、蛛网膜下腔出血（脑动脉瘤）。

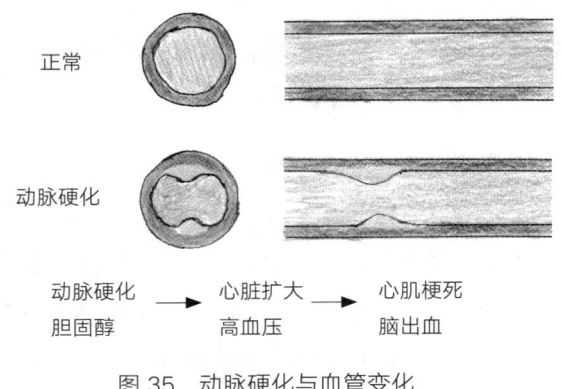

正常

动脉硬化

动脉硬化 → 心脏扩大 → 心肌梗死
胆固醇　　　高血压　　　脑出血

图 35　动脉硬化与血管变化

通过体检和血液检查等方式可以判断是否患上了动脉硬化，及时服用降血压、软化血管的药物也可以有效预防动脉硬化，达到延年益寿的目的。

内因致死

房事猝死的内容先到此为止，接下来我将详细说明一下内因致死。

一、心血管疾病

1. 缺血性心肌病

冠状动脉的内膜有类脂质（如胆固醇）的沉着，导致血管狭窄或闭塞，最终出现动脉硬化。在这一过程中，心肌细胞供血受限，心肌缺少必要的氧气和养分而开始组织坏死，一旦发病，极有可能导致猝死。

2. 心包填塞

心包为包裹心脏及出入心脏大血管根部的囊状结构。冠状动脉硬化发展到一定程度后，有时会导致心肌坏死破裂。流出的血液则积存在心包之中压迫心脏，并限制血液回心和心脏跳动，进而导致心跳骤停猝死。这就是所谓的心包填塞，原因多为冠状动脉硬化。所以，动脉硬化必须早发现早治疗（参考图35与图36）。

心脏破裂
（由冠状动脉硬化引起）

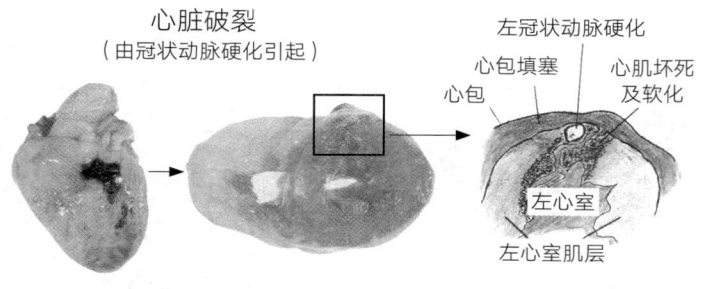

左冠状动脉硬化
心包填塞
心包
心肌坏死及软化
左心室
左心室肌层

（心脏正面图像）（心脏破裂后的水平横截面）（破裂横截面的图解）
左心室的血液从破裂处流出进入心包，形成心包填塞。

图 36　冠状动脉硬化引起的心包填塞

3. 心脏扩大

动脉硬化导致人体血流受阻，而心脏为了驱动受阻的血液会超负荷运转，长此以往心脏各房室增大，心脏形状发生改变。除常见的动脉硬化外，高血压、营养不良等情况也会造成心脏扩大。

高血压患者尽早治疗降低血压后，心脏还有恢复的可能，不会太影响人的寿命。

4. 剥离性大动脉瘤破裂

大动脉是从心脏出发的人体最大的动脉，这条重要的动脉分为内膜、中膜、外膜三层。血液在内膜中流动，外面包裹着中膜和外膜。主动脉粥样硬化导致大动脉内膜破裂，一部分血液会流入内膜与中膜之间，形成动脉瘤，致使血管壁剥离。中膜一旦破裂，即出现剥离性大动脉瘤破裂。此时必须通过手术才能保住大动脉，挽回患者生命。

5. 心肌炎

心肌炎是指由于某种原因导致心肌活动受限的一种疾病。常见病因有心内膜炎、风湿、病毒性疾病、中毒等，必须仔细鉴别。患者心肌中可见轻微炎症，有时可导致猝死。

6. 脂肪心

身体肥胖的人皮下脂肪较厚。同理，心肌纤维内脂肪组织沉积会导致心脏重量增加，心肌纤维萎缩，甚至部分消失，脂肪细胞逐渐取代心肌纤维。患者多会心跳减速，有时甚至出现心力衰竭而导致猝死。

7. 肺心病（肺源性心脏病）

肺部疾病（肺结核、肺气肿、肺间质性纤维化、支气管扩张、哮喘等）多为慢性，通常导致肺循环阻力增加、肺动脉高压，进而使右心肥厚、扩大。肺心病患者通常死于心力衰竭。

简而言之，肺部疾病加重心脏负担而引起的心脏功能受阻，这种病症就被称为肺心病。

8. 其他

如心脏瓣膜症、心脏畸形等。

曾有一位四五十岁的男子在接受一年一次的国民健康体检后，医生递给他一份综合体检报告书，告诉他身体没有异常。谁知男子欣喜若狂死在了回家的路上。经过尸体解剖才了解到，该男子死于缺血性心肌病。这也算意外中的意外吧。

二、脑血管疾病

1. 蛛网膜下腔出血

大脑有两条重要的动脉系统，一条是颈内动脉系统，一条是椎动脉系统，两条动脉在蛛网膜下腔构成脑底动脉环。颅底血管病变破裂，就会在脑部动脉处形成动脉瘤（参照图37）。一般动脉瘤增大过程中无明显症状，此时一定要注意及时检查。增大到一定程度就会突然破裂，流入大脑表面的蛛网膜下腔。出血范围一旦扩大，极易致人猝死；小范围出血通常会伴随间歇性剧烈头痛。这种症状一般称为病理性蛛网膜下腔出血或自发性蛛网膜下腔出血。

头部在受到外力作用引发脑挫伤的同时，分布于大脑表面的血管破损后会导致外伤性蛛网膜下腔出血。这种情

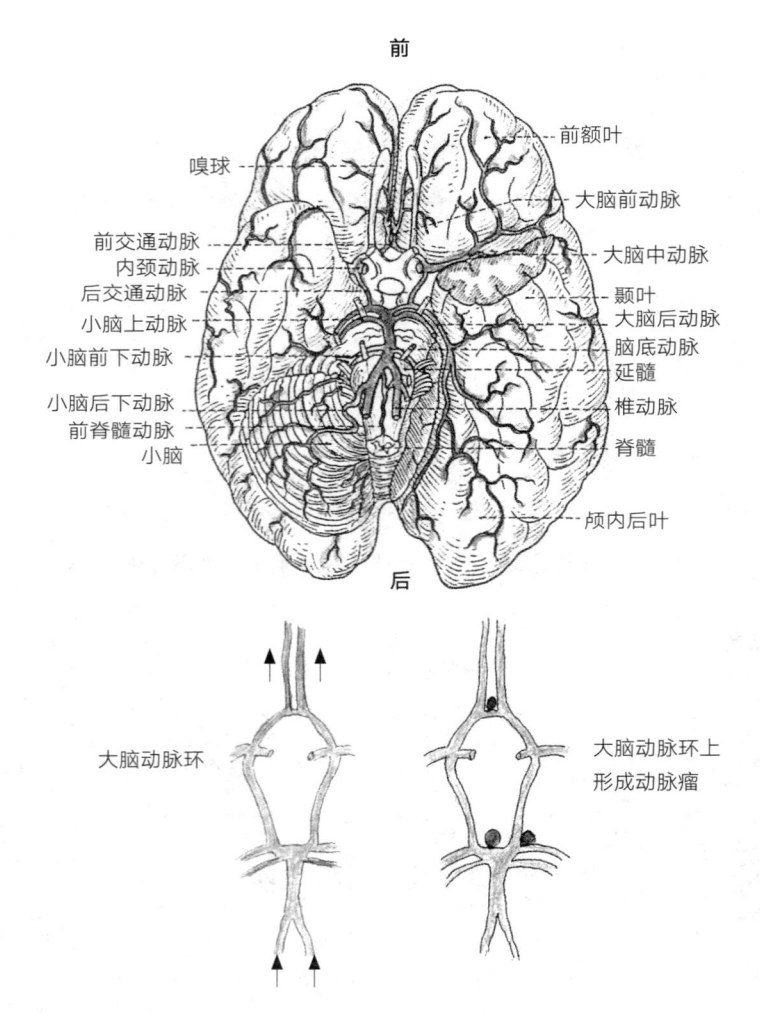

图 37　大脑动脉环（上）与动脉瘤的形成过程（下）

况与动脉瘤无关，只涉及脑挫伤部位的血管破裂，与自发性蛛网膜下腔出血有明显区别。

从法医学的角度来看，诊断患者蛛网膜下腔出血时，一定要区分是自发性还是外伤性。解剖室必须仔细检查，想当然地作出判断只会导致不可挽回的后果（参照第十四讲）。

例如有一人在路上步行摔倒后死亡。解剖发现，死者既有皮下外伤，又有蛛网膜下腔出血。此时我们需要判断，死者是步行过程中跌倒导致了外伤性蛛网膜下腔出血，还是自发性蛛网膜下腔出血导致他在步行时摔倒，头部遭受撞击后出现皮下出血。

2. 脑出血

因动脉硬化、动脉瘤等情况导致血管破裂出血即为脑出血。

通常，外伤性脑出血（脑挫伤）会伤及大脑皮质，病理性（内因性）脑出血多为血管自发破裂，伤及脑髓质。出血位置的不同，引发的症状也有所不同，但都会导致患者意识消失。

另外，脑干出血会伤及自律神经（控制心跳、呼吸、消化等身体的无意识功能），即使只有微量出血，也有可能导致死亡。端脑出血后，患者除了失去意识，还会根据具体的受损部位出现不同的症状。虽然四肢麻痹无法自由活动，但在短期内不会有性命之忧。

蛛网膜下腔出血有时能导致猝死，而脑出血患者很少出现猝死。

3. 脑梗死与脑软化

脑梗死是指大脑动脉硬化、血管堵塞、血液性状变化、大脑血液黏稠等原因导致脑部血液供应障碍，局部脑组织缺血、缺氧性坏死，从而引发神经功能缺损、身体麻痹或瘫痪。这个过程中，一旦血流瘀滞，形成血栓，即为

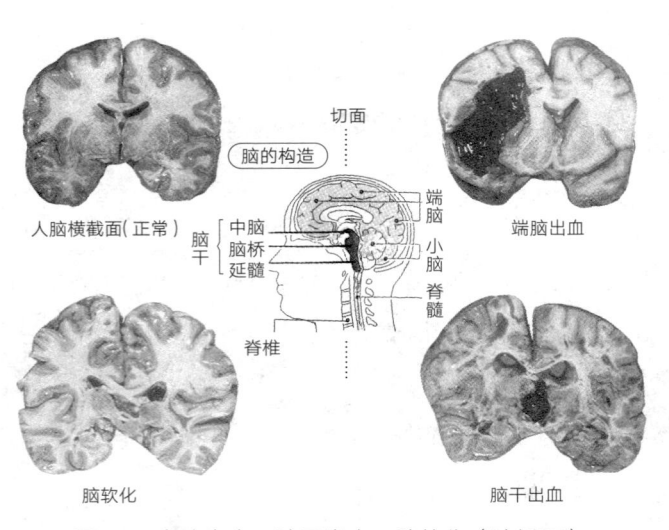

图 38　中脑出血、脑干出血、脑软化（脑梗死）

脑血栓。

脑梗死患者不会出现颅内出血，但脑梗死导致供应区域坏死，则会引发脑软化病。

4. 脑膜炎（脑脊髓膜炎）

脑膜或脑脊膜(头骨与大脑之间的一层膜)被感染后引发脑膜炎，可分为化脓性脑膜炎、结核性脑膜炎、病毒性脑膜炎等情况，一般化脓性脑膜炎常见于幼童。脑膜炎即使是轻症也有致死的可能。

5. 癫痫

癫痫是一种常见疾病，单次发作后复发率极高，后期严重发作可导致猝死。另外，发作时还容易倒地撞伤头部，引发脑挫伤致死；洗浴时发作容易导致溺死。

从解剖结果上看，癫痫患者的大脑无明显器质性病变。

三、呼吸系统疾病

1. 经济舱综合征与肺动脉栓塞

在狭小空间内长期无法活动身体的人，其腿部静脉血液流动不畅，血小板会凝结成血栓。这种状况下，突然起身活动会使血栓脱落，并随血液流动进入肺部，引起肺动脉栓塞，严重者可致人死亡。

这种疾病原本多见于手术后和分娩后卧床养病的患

者。近年来，该疾病因多见于乘坐飞机的长途旅行者而广受关注，所以又被称作"经济舱综合征"。患病者通常出现呼吸困难、胸痛等症状，严重时会猝死。

2. 肺炎

肺炎是一种老年人和幼儿的常见疾病。老年人容易患上无热性肺炎，发病时不发热或仅有低热，口渴、无食欲，容易被忽略而延误最佳治疗时机，最终导致死亡。

近年，抗生素的使用使得细菌抗药性增强，因此肺炎的治疗难度增大，死亡人数有所增加。

3. 支气管哮喘

支气管哮喘，简称哮喘，是一种常见的多发疾病。发病后，吸入的空气因支气管痉挛而无法呼出，导致肺气肿直至死亡。接受治疗时要格外注意，避免支气管扩张类药物的滥用。

4. 其他

肺结核、肺癌等呼吸系统疾病会出现出血（咳血）症状，有时血块会堵塞气管而引起窒息。血液为鲜红色的动脉血。

此外，肺气肿等肺部疾病进至严重阶段时，肺泡腔过分扩大以至破裂，患者通常死于持续性缺氧。

四、消化系统疾病

1. 肝硬化与食道静脉瘤破裂

肝硬化一般会引起食道静脉瘤，病情恶化后，静脉瘤破裂容易致人死亡。消化系统出血多表现为吐血，排出的血液为红褐色的静脉血。

2. 胃溃疡、十二指肠溃疡、癌症

胃溃疡和十二指肠溃疡同属于消化系统溃疡，胃溃疡疼痛位置偏左，十二指肠溃疡疼痛位置偏右。胃溃疡、十二指肠溃疡及消化系统癌症患者的出血都为红褐色的静脉血。

3. 穿孔性腹膜炎

胃溃疡、十二指肠溃疡、癌症以及阑尾炎等疾病严重时出现的脏器穿孔会引起腹膜炎，短时间内可致人死亡。

4. 其他

肠闭塞、肠扭转、肠系膜上动脉栓塞、急性腹膜炎等疾病都有可能在短时间内致人死亡。

五、泌尿系统疾病

1. 肾功能衰竭

排尿困难、肾功能衰竭会引发尿毒症，晚期尿毒症患者极有可能出现猝死。这种情况下，接受过人工透析的死

者一般不会被视作非正常死亡。

2. 挤压综合征

肢体肌肉遭到重物长时间挤压后,肌肉组织中会分泌一些有毒代谢产物,如肌红蛋白、钾离子、酸性代谢产物。这些物质被吸收到血液中,经肾脏过滤形成尿液排出体外。有毒代谢物过量会导致肾功能衰竭,出现无尿症状,严重者引发尿毒症直至死亡。挤压综合征患者如果没有及时得到合理医治,通常会在两周内死亡。

入院治疗过程中死亡的普通患者,医生不会定性为非正常死亡;但挤压综合征患者多会被定性为外因死亡(非正常死亡)。之所以如此,是因为造成挤压综合征的事故究竟是意外还是人为,医生也不得而知,必须由警方客观调查后才能下定论。

六、妇科疾病

卵巢囊肿蒂扭转以及宫外孕破裂导致的腹腔内出血有时会导致患者休克致死。

七、新生儿猝死综合征

新生儿猝死综合征多发生在婴儿出生的第二周至第二年内,出生2~6个月内患病率最高。其中,非母乳喂养的婴儿患病比例高于母乳喂养。有人认为,婴儿趴着睡觉或呛奶都有可能导致猝死，但实际解剖后，并没有发现明显的病变。还有人认为是呼吸困难导致的缺氧、大脑神经系统发育不健全等原因，但直到目前仍没有一个明确的答案。

貌似健康者死因不明

某收债人去一户债主家收钱，两人在门口扯着嗓子争吵不休。突然，其中一人猝死。警方怀疑两人间的纠纷，将事件定性为非正常死亡。验尸解剖后发现，死者身上无外力作用痕迹，死于心肌梗死。

同样的案例有很多。如交通事故，驾驶过程中加速过快导致转弯失败从悬崖落下，或者会车时遭到撞击。面对这些情况，必须先明确事故性质，究竟是单纯的意外，还是突发疾病导致的惨剧。

同理，解剖尸体时，若发现头部外伤、脑挫伤、蛛网膜下腔出血等情况，也要先明确是外伤还是自发性发作导致的事故伤。这些判断往往牵扯到巨大的利害关系，双方可能因此对簿公堂。

当然，真相永远只有一个。我们法医必须追求一种公平公正的结果。

第二十六讲 尊严死、安乐死、临终医疗篇：人该如何面对死亡

面对永远无法苏醒的家人，你有勇气摘掉他的呼吸面罩吗？面对饱受病痛折磨而一心求死的家人，我们能为他做些什么呢？我们自己又该如何面对死亡呢？本章我们将重新思考人的生与死。

老龄化社会的烦恼

随着医学的进步，日本一直致力于提高国民的健康水平，国民可以根据每年的体检结果，实现早预防、早发现、早治疗。日本因此得以成为世界上屈指可数的长寿之国。

但有一部分人，他们平时拼命工作，不重视自己的身体健康，直至某一天突发疾病猝死。这种貌似身体健康却突然猝死的人，我们往往无法在病历上找到他们的死亡原因，所以通常会认定他们为非正常死亡。

在执行法医制度的东京都23个区内，一年间大约会出现13000具非正常死亡的尸体，其中70%左右是猝死，14%是自杀，9%死于意外事故。从疾病角度来看，猝死的尸体中，心血管疾病占60%，脑血管疾病占20%，呼吸系统疾病占4%，消化系统疾病占4%。

尤其值得注意的是颅内疾病，患者容易意识不清昏倒在地，通过抢救治疗可以延续生命，但是不一定能够恢复到普通人的程度，很多人留下了言语障碍、半身不遂等后遗症，严重时则一直昏迷不醒，以植物人的状态一直生存下去。这会给患者家属带来财力和身心上的双重负担。

出现在老龄化社会的这些真实情况，已经不仅仅是个体家庭的问题，更作为社会问题引起了极大的关注。但尊严死、安乐死等临终医疗的现状又令走投无路的家庭陷入了困境。

因此，包括尊严死、安乐死在内的临终医疗的现状成为我们亟须解决的问题。在本章，我将依次论述。

尊严死（凯伦·昆兰案）

1975年4月，美国新泽西州发生了一起案件。时年21岁的女性凯伦·昆兰在和朋友聚会上，因同时饮用了大量酒水与安眠药而陷入昏迷。

送至医院抢救后，在呼吸机的帮助下她保住了性命。三个月后，医生告知凯伦的父母，病人苏醒的可能性基本趋于零。经过一番思想斗争，这对夫妇决定停止使用违反自然规律的方式延续女儿的生命，请求医生撤除女儿身上的维生系统，让她回归上帝的怀抱。但医生认为，这种行为无异于谋杀，拒绝了他们的请求。

于是，昆兰夫妇决定向法院申诉。当地法院指出凯伦·昆兰在医学上仍然存活，撤除呼吸机就等于以安乐死的方式终结她的生命，这在尚未承认脑死亡概念的新泽西州是不被允许的。因此，一审判决中医院方获胜。但昆兰夫妇仍不放弃，七个月后他们将案件上诉到新泽西州最高法院。但二审判决结果与一审一致，都认为凯伦仍有脉搏、呼吸、脑波，不符合医学上的死亡标准，撤除呼吸机等同于谋杀，即使是患者的父母也没有权利决定她的生死。最高法院驳回了昆兰夫妇的请求。

当时得知这一结果，我产生了一个困惑：就算有法院许可，会有医生去摘下病人的呼吸机吗？

凯伦·昆兰又以植物人的状态存活了一年。昆兰夫妇目睹女儿生不如死的模样，选择再次向新泽西州最高法院上诉，他们希望法院承认女儿拥有尊严死的权利。

最终，法院提出一套折中方案：在征得医生同意这一前提下，认可昆兰夫妇拥有这个权利。就这样，凯伦·昆兰被撤除了呼吸机，奇迹般地坚持了10年之后，最终死于肺炎。

对于该案件的最终结果，我认为一审时法院的法官们在向专业医师询问了解凯伦·昆兰的病情时，可能没有正确地理解她在昏迷状态下一直存活的原因。

我之所以有这种猜测，是因为当时很少有医生明白脑死亡与植物人的区别。

我在第十七讲的枪伤篇略有提及，人脑中有植物神经系统与动物神经系统。凯伦·昆兰的情况属于动物神经系统受损，始终处于昏睡状态，无法正常地进食、交流和活动。但完好的植物神经系统能够保证她的呼吸、心跳、消化等生命活动。尽管无法自己咀嚼和吞咽食物，大小便不能自理，但她至少可以消化流食。在有人看护、照顾她进食和排泄的情况下,她就能够继续生存下去。这种动物神经系统受损的状态就被称作植物人状态。

与此相比,脑死亡则是指动物神经系统受损后的症状。大脑无法向身体发出心跳、呼吸、消化等指令,只能依靠机器和药物强行维持患者的生命活动。换言之,从医学角度来看,脑死亡就是给死人续命的短暂状态,2~3周后,患者身体不再对机器和药物产生反应而彻底死亡。如果此时进行器官移植,脑死亡患者还能提供新鲜的脏器,手术成功率极高,不失为一种理想的治疗手段。

总之,植物人与脑死亡都存在昏睡状态,从外在观察是无法区别的,必须经过专家的检查才能作出区分。因此我推断,正是当时一审的法官没有仔细区分两者,才导致后面一连串的波折。好在最高法院了解到两者的区别最终作出了英明的判决。希望所有的判决都能像这一次一样分清事理。

生与死,这是生存在这个时代的我们不得不去思考的一个问题。据说,如今美国多数地区已经在法律上承认了尊严死。

安乐死

昭和三十六年（1961年），也就是凯伦·昆兰案件的15年前，日本爱知县名古屋市发生过一起安乐死案件。

一位52岁的老人被医生诊断只能再活七天。24岁的大儿子不忍见其父饱受病痛折磨，将加有农药的牛奶喂给了父亲。法院一审判决男子系杀害直系长辈亲属，判处有期徒刑三年零六个月。但男子对法院判决表示不服提出上诉。最终，名古屋最高法院二审判决该男子属于委托杀人，判处有期徒刑一年且缓刑三年。

当时，名古屋最高法院出示了六项值得关注的安乐死条件。

①从现代医学知识和技术上看，病人患不治之症并已临近死期（须有2名以上的医师诊断）；

②病人极端痛苦，不堪忍受（须由医生仔细观察后断定）；

③必须是为解除病人死前痛苦（使用毒品、安眠药等药物）；

④必须有病人神志清醒时的真诚嘱托或同意（不能是为逃避一时的病痛而放弃治疗，必须考虑到家属的利

害关系);

⑤原则上必须由医师执行;

⑥必须采用社会伦理规范所承认的妥当方法(禁止使用勒死、氰化物等残忍手段)。

当时越来越多的人认为,使长期经受病痛折磨的绝症患者迅速死亡更加符合人道主义精神,不应视为违法。上述六项条件符合这一思想,被视为安乐死的定义。而此次案件不符合安乐死定义的第五项和第六项。

作为一名医生学习法医学以来,我一直秉持"站在死者角度,拥护死者人权"这一立场。当时的我,刚刚完成法医学的基础研究,成为一名东京都法医,每天零距离面对死亡的法医学实践现场。这些经历自然都让我坚信"救死扶伤"是医生的职责所在。尽管安乐死符合人道主义精神,但说到底难道不是杀人吗?医生应该去杀人吗?尽管法律允许,但此等违反医师原则的行为会有医生去执行吗?

所以,这种对医生概论的彻底颠覆让我受到了极大的冲击。但是当时出现的反对之声极少,这让我意识到,我们已经来到了一个必须考虑去接受安乐死的时代。真令人为难啊。

医生协助安乐死事件

爱知县名古屋市的安乐死事件过去30年后，这次发生的是一起医生协助安乐死事件。

平成三年（1991年），在东海大学医院，一位58岁的男性患者因多发性骨髓瘤（绝症）一直处于昏迷状态。患者的大儿子看着父亲的惨状，反复请求主治医生给其父实施安乐死。最终，主治医生给患者注射了氯化钾，终结了他的生命。

不久，主治医生因故意杀人罪遭到起诉，但他认为自己主观意图上没想杀人而拒绝承认罪行。这在法庭上引起了一场争辩。

主治医师认为，自己在理解患者家属想法并获得其同意后，抱着希望患者安详离开的心情才注射药物的，这不可能属于杀人。

4年后，横滨地方法院对主治医生出示了四项条件。

①病人承受着难以忍受的肉体痛苦；

②病人死期将至；

③除安乐死外，已无其他缓解病人痛苦的手段；

④已明确患者本人有安乐死的意愿。

从以上条件来看，病人生前一直处于昏迷状态，无痛感，其家属也未收到关于癌症的通知。于是，法院最终以没有符合第一项和第四项为由，判处主治医生有期徒刑两年缓刑两年。

此次案件中，法院提出的四项条件里虽然没有包含"原则上必须由医师执行"，但患者还是死于医生之手。

有报纸解说道，此次判决对癌症晚期等情况下的临终医疗应该在何种阶段、用何种手段去结束患者生命这一问题的解决有一定的启示，它在承认患者有权利选择死亡的方式的基础上，又间接承认了医生协助下的安乐死。

看到这种解释后，我的心里五味杂陈，难道安乐死不能由医生以外的人执行吗？同时，我又切身感受到从哲学角度反思死亡是多么重要。

在医疗条件高度发达的今天，我们应该去思考如何改善临终医疗的现状。

临终医疗

随着医学技术的惊人发展，挽救和延续病人生命的手段和技术也变得愈加发达，人们的寿命也随之延长。但不是所有病人都能恢复到正常人的水平。一旦病人长期意识模糊、昏睡不醒，无任何恢复可能时，这种特殊的生存状态会给病人的家庭带来财力和身心上的巨大负担。当然，医疗工作者也不得不面对这种进退两难的局面。

气管插管拔除事件

平成十年（1998年），神奈川县川崎市的一家医院发生了一起气管插管拔除事件。

某日，一男子因哮喘发作、心肺功能停止而被送入医院接受延命治疗。医生在他的气管上插入插管输送氧气。但自此之后，男子的症状没有任何改善，一直处于昏睡状态。

医生认为男子很有可能成为植物人，便将这一判断告知男子家人。入院两周后，在患者家人的要求下，该医生拔除了男子气管内的插管，停止了延命治疗措施。

谁知刚拔掉插管，患者就发出痛苦的呻吟。医生见状立刻给他注射了肌肉弛缓剂。不久后，男子死亡。

不出所料，医生以故意杀人罪遭到起诉。不过，这种行为是否构成杀人，当时的我难下定论。

在法庭上面对检察官一方的审问，医生提出以下四点主张：

①自己对事实的判断的确有误；

②医疗现场与司法之间存在隔阂；

③自己的行为属于医疗行为，并非犯罪；

④是得到患者家属的请求之后执行的行为，因此无罪。

随后，案件陷入僵局。平成十九年（2007年）5月，日本厚生劳动省召集有识之士召开会议，发表了一项方针："医患双方须提供准确信息与说明，并在此基础上商议，最终以患者本人的决定为准。"此一项为推进日本临终医疗事业的最重要原则。

根据此条新规，平成二十一年（2009年）12月，当地最高法院认定医生有罪，并驳回其上诉，按照二审判决判处医生有期徒刑一年零六个月缓刑三年。

法院之所以判决拔除气管插管不属于合法医疗行为，原因如下：

①医生提供给病人家属的信息不充分；

②病人本人意愿不明；

③医生的行为不符合厚生劳动省颁布的方针；

④仅凭一名医生的判断而终止医疗行为；

⑤肌肉弛缓剂的使用无法让病人提前死亡。

在现代医疗的发展过程中，医疗工作者经常需要面对如此重要的临终医疗，所以切不可妄下判断。

即使是医疗工作者，有一天也会成为病人，有一天也会成为病人家属，有一天也会成为第三方，甚至有一天也会站在那个帮助病人解脱的立场上。

原本救死扶伤的医生如今又被赋予了帮助病人死亡的立场。我们该怎么办？当下的临终医疗已经成为每个人都必须思考和面对的问题。

其他国家的对策

那么其他国家是如何看待安乐死的呢？我调查后发现，有些国家的临终医疗体系已经承认安乐死了。当然，有人赞成自然就有人反对。如今，荷兰、比利时、卢森堡以及美国的四个州已经完全认可安乐死的合法性，实施安乐死制度。

此项制度有一个根本前提，那就是执行对象必须完全基于安乐死的定义，符合允许安乐死的条件。方法上有积极的安乐死与消极的安乐死。前者是医生使用致死药物使患者提前死亡以免除病痛；后者又被称为协助自杀，患者停止接受现代医学设备和手段，停止接受营养支持，被医生注射安眠药后在家人的陪伴下迎接死亡。患者死亡后，医生有义务向警方提出报告，并接受由法学家、医师等其他有识之士组成的安乐死审查会的审核。

在日本，安乐死还没有被完全纳入临终医疗体系。但事实上，有70%的人不希望接受延命治疗。

几十年来，生与死的话题一直没有停止。思想相对保守的日本，经过漫长的论战终于承认了脑死亡与器官移植。所以我相信，在不久的将来，关于安乐死的讨论必将迎来一个结果。

后记

尸体会说话

在本书的最后,请允许我先谈一下我对日本法医学和法医现状的担忧。

法医这一职务相当于公务员,我曾经的工作单位东京都监察医务院隶属于东京都卫生局。其中,正式法医有10人,特约法医有20人左右,后者多为大学法医部的教授、副教授,每周上一次班。尸检组共有5组,每组有1位法医、1位助手和1位司机;解剖组共有3组,每组有1位法医、1位卫生检查技师以及3位助手。与警察一样,工作全年无休。

在东京都23区内若出现非正常死亡的尸体,先报告给警察,在警方的陪同下由法医查验尸体,验尸后仍死因不明者再接受行政解剖,直到查清死因。这就是法医制度的流程(日本《尸体解剖保存法》第8条)。这是一项有效保护死者人权的制度，但并没有在日本全国范围内实行。原有的5处执行地区也因为横滨地区法医制度的废止而只剩下东京、名古屋、大阪、神户4处。

我认为，日本法医制度的衰弱主要有两个原因，一是维持制度不可或缺的法医人才不足，二是用在法医制度上的预算严重不足。

我在退休之前共检查过20000多具尸体，其中亲手解剖的尸体超过5000具。如此一算，我工作30年，平均每年解剖160多具尸体。但实际上，当年光是东京地区每天就有30具左右等待解剖的尸体，即使不是自己值班，我也还得去分担一些。据说现在已经增长到每天50具左右。在法医制度废除前夕的横滨市，1年1400具左右的尸体竟然全都由唯一的一名法医负责解剖。

可想而知，法医如此巨大的工作量是令不少有识之士望而却步的原因之一。在大学的医学部选择法医学的学生年年减少，我十分理解学生们的顾虑，毕竟投身医学的人都希望自己将来能够治病救人。我当年选择法医学之后，也是饱受质疑，都劝我回归临床。但作为一名尸检行家，虽然不能为活人救治，但我还是为法医这份工作感到骄傲。到目前为止，为了让更多的人领会到法医学的魅力，知晓其意义，我著书立说将近50部。遗憾的是，投身法医的人依旧有减无增。

本书是根据我在日本警务类月刊*BAN*上连载两年多的专栏《趣味法医学》编辑加工而来。我在*BAN*杂志上的专访受到一众警察读者的好评后，便接受了杂志社连载写作的请求。其实我很早就认识到，如果警察不懂得一定的尸检知识，有可能会看错案件的真相，而这个难得的机会也正好遂了我的心愿。

我退休前当了30年的法医，退休后又当了30年的作家、评论家，在这漫长的岁月中，我积累了丰富的知识和深厚的经验。所以我希望不只是零距离接触尸体的警察，普通读者也能从本书中了解到关于生与死的知识，感受生命之可贵。

连载结束之时，我立马告诉了文艺春秋出版社，他们帮助我完成了此书。早在1989年，我的处女作《不知死，焉知生》就是由文艺春秋出版社完成出版的。在此，我要向负责专栏连载的*BAN*编辑部的曾田整子女士，以及负责出版成书的文艺春秋出版社的濑尾巧先生表示由衷的感谢。

最后，我想再一次地呼吁，每个人生前身后皆需名医。为此，我们必须完善"身后名医"——法医所需要的制度。我真挚地希望越来越多的有识之士能够选择法医这条道路。

令和二年一月

上野正彦

图字：01-2023-0709

SHITAI WA KATARU Vol.2 UENO Hakase no Hoigaku Note by UENO Masahiko
Copyright © 2020 UENO Masahiko, All rights reserved.
Original Japanese edition published by Bungeishunju Ltd., Japan in 2020.
Chinese (in simplified character only) translation rights in PRC reserved by People's
Oriental Publishing & Media Co., Ltd., under the license granted by UENO Masahiko,
Japan arranged with Bungeishunju Ltd., Japan through Hanhe International (HK) Co., Ltd.

中文简体字版权由汉和国际（香港）有限公司代理
中文简体字版专有权属东方出版社

图书在版编目（CIP）数据

尸体会说话 /（日）上野正彦 著；苏小楠，张景城 译. 一 北京：东方出版社，2023.7
ISBN 978-7-5207-3402-8

Ⅰ. ①尸… Ⅱ. ①上… ②苏… ③张… Ⅲ. ①尸体检验 - 普及读物 Ⅳ. ①D919.4-49

中国国家版本馆CIP数据核字(2023)第062977号

尸体会说话
（SHITI HUI SHUOHUA）

作　　者：	[日] 上野正彦
译　　者：	苏小楠　张景城
责任编辑：	王夕月　徐洪坤
出　　版：	东方出版社
发　　行：	人民东方出版传媒有限公司
地　　址：	北京市东城区朝阳门内大街166号
邮政编码：	100010
印　　刷：	北京明恒达印务有限公司
版　　次：	2023年7月第1版
印　　次：	2023年7月第1次印刷
开　　本：	787毫米×1092毫米　1/32
印　　张：	9
字　　数：	144千字
书　　号：	ISBN 978-7-5207-3402-8
定　　价：	56.00元
发行电话：	(010) 85924663　85924644　85924641

版权所有，违者必究
如有印装质量问题，我社负责调换，请拨打电话：(010) 85924602　85924603